JÉSUS
L'HOMME QUI ÉTAIT DIEU

MAX GALLO
de l'Académie française

JÉSUS
L'HOMME QUI ÉTAIT DIEU

récit

XO
EDITIONS

DU MÊME AUTEUR
voir en fin d'ouvrage

ISBN : 978-2-84563-416-9

« Sans doute, une Vie de Jésus, il faudrait l'écrire à genoux, dans un sentiment d'indignité propre à nous faire tomber la plume des mains.
Cet ouvrage-là, un pécheur devrait rougir d'avoir eu le front de l'achever. »

FRANÇOIS MAURIAC

« Mais quels que puissent être les phénomènes inattendus de l'avenir, Jésus ne sera pas surpassé. Son culte se rajeunira sans cesse ; sa légende provoquera des larmes sans fin ; ses souffrances attendriront les meilleurs cœurs, tous les siècles proclameront qu'entre les fils des hommes, il n'en est pas né de plus grand que Jésus. »

ERNEST RENAN

« Seigneur, donne à chacun sa propre mort, la grande mort que chacun porte en soi. »

RAINER MARIA RILKE

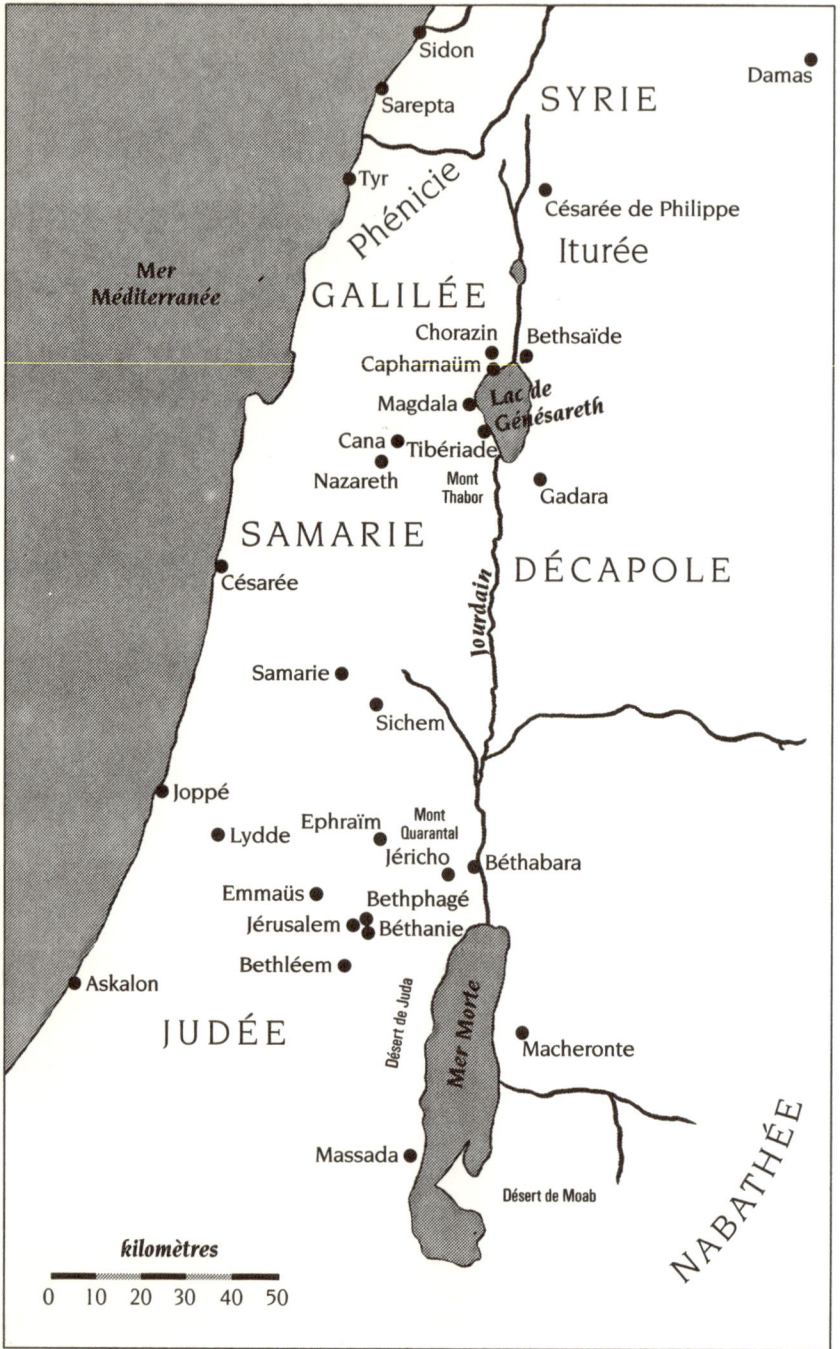

Sidon

SYRIE

Damas

Sarepta

Tyr

Phénicie

Césarée de Philippe

Iturée

Mer
Méditerranée

GALILÉE

Chorazin

Bethsaïde

Capharnaüm

Magdala

Lac de
Génésareth

Cana

Tibériade

Nazareth

Mont
Thabor

Gadara

SAMARIE

Césarée

DÉCAPOLE

Jourdain

Samarie

Sichem

Joppé

Ephraïm

Mont
Quarantal

Lydde

Jéricho

Béthabara

Emmaüs

Bethphagé

Jérusalem

Béthanie

Bethléem

Askalon

Désert de Juda

Mer Morte

JUDÉE

Macheronte

Massada

Désert de Moab

NABATHÉE

kilomètres

0   10   20   30   40   50

LIVRE I

« Cet homme était vraiment fils de Dieu. »

Un centurion, au pied de la croix
Évangile selon saint Matthieu, XXVII, 54

PREMIÈRE PARTIE

« Mon Dieu, mon Dieu,
pourquoi m'as-tu abandonné ? »

(*Eli, Eli, lema sabachtani*)

Évangile selon saint Matthieu, XXVII, 46

1.

Moi, Flavius, centurion de Rome, j'ai entendu la voix de celui que Pilate, procurateur de Judée, avait appelé « Jésus de Nazareth, roi des Juifs ».

Il avait voulu que cette phrase fût écrite en latin, en grec, en araméen, et qu'elle fût placée au sommet de la croix sur laquelle cet homme, ce roi, allait être cloué.

Aux Juifs qui protestaient, criaient que ce roi n'était pas leur roi, Pilate avait répondu : « Ce qui est écrit est écrit. »

C'était le vendredi 7 avril, et notre empereur était Tibère, successeur du divin Auguste.

On avait planté trois pieux, au-delà des murs de Jérusalem, sur la route de Joppé, au sommet du Golgotha.

Cette colline caillouteuse était nue comme un crâne chauve, battue par le vent tranchant qui souffle du désert, écrasée par la lumière solaire implacable comme un essaim de flèches lancé par une machine de guerre.

Je ne me souviens pas des noms – les ai-je jamais connus ? – des deux hommes qui allaient être crucifiés avec ce Jésus de Nazareth.

S'agissait-il de deux brigands ou de deux rebelles ?

J'ai donné l'ordre à mes légionnaires de les clouer sur les deux croix, qui se trouvaient de part et d'autre de celle que je destinais à ce Juif de Nazareth, dont les Juifs avaient exigé le châtiment.

Je n'aimais pas les crucifixions.

J'en avais vu, ordonné jusqu'à la nausée.

J'avais marché en Galilée aux côtés du légat de Syrie, Varus. Nos deux légions avaient écrasé la révolte, et nous avions crucifié deux mille Juifs, dressant les croix, sur tous les hauts lieux du pays, afin que la terreur se répandît, qu'on sache comment Rome châtiait les rebelles.

Crucifier, ce n'était pas seulement tuer d'un geste rapide et précis, la lame ouvrant la gorge, et je l'avais fait mille fois, c'était montrer la mort infamante pour semer l'effroi.

Et la foule apeurée et attirée par ce spectacle cruel se pressait sur le Golgotha, pendant que mes légionnaires clouaient à grands coups de maillet les deux larrons sur deux poutres placées au sol, devant les pieux plantés dans la terre. Les longs clous effilés s'enfonçaient dans les poignets. Un autre, plus long encore, traverserait les deux pieds superposés quand les corps cloués sur les poutres seraient soulevés avec elles.

« Cet homme était vraiment fils de Dieu. »

Puis ce fut le tour de ce Jésus de Nazareth.

On le dépouilla de ses vêtements. Son corps n'était plus qu'une plaie, les lanières plombées des fouets ayant lacéré les chairs. Il n'avait pu porter la poutre de sa croix depuis notre forteresse Antonia jusqu'au Golgotha.

J'avais dû choisir dans la foule un homme, lui ordonner de se charger de ce fardeau. Et il m'avait semblé que l'homme acceptait comme une grâce cette épreuve.

J'avais vu une femme essuyer avec un linge blanc le visage de Jésus de Nazareth, écorché, et couvert de sueur.

Avant qu'on ne commençât à le clouer, j'ai d'un signe demandé qu'on lui offrît ce vin mêlé de myrrhe, qui engourdit les corps, fait oublier la mort qui vous envahit, efface quelque peu les souffrances.

Or je savais comment on meurt sur la croix. Le corps se tord. Le poids écrase les poumons. On étouffe. Les muscles se raidissent, se déchirent. Les condamnés ne peuvent prendre appui que sur une sorte de béquille – comme une corne fichée dans le pieu. Elle se glisse entre les cuisses. Les muscles des bras et du torse peuvent se relâcher un peu, mais la corne cisaille le corps, fait naître une souffrance nouvelle. Et on n'en finit plus d'agoniser.

Les deux brigands avaient accepté de boire. Jésus de Nazareth refusa.

J'ai pensé d'abord : folie que de choisir de vivre la douleur. Puis j'ai cherché le regard de celui qui se conduisait en roi. Mais il avait les yeux clos, et j'ai d'un geste donné aux légionnaires l'ordre de lever les poutres, avec les corps cloués. Et les soldats ont tiré sur les cordes, hissant les poutres, jusqu'au moment où, glissant le long du pieu dressé, les corps des crucifiés ont trouvé leur place, la corne entre leurs cuisses.

Pendant qu'on les hissait, les deux larrons avaient tenté de hurler, pendus qu'ils étaient par leurs mains clouées. Et Jésus de Nazareth avait laissé sa tête retomber sur sa poitrine.

J'ai souhaité pour lui que la mort se dépêche de le saisir. Son corps lacéré disait qu'il avait déjà assez souffert.

2.

Il était midi ce vendredi 7 avril. Je fixais le corps souffrant de Jésus de Nazareth et j'avais l'impression que, sous ma lourde cuirasse, ma peau brûlait, se fendillait, alors même que le ciel s'obscurcissait, que le vent commençait à se lever, et j'avais de la peine à rester debout, comme si le sol sous mes pieds tremblait, menaçait de s'ouvrir, et que j'allais être précipité au fond d'un abîme.

Autour des croix, la foule, difficilement contenue par les trente légionnaires, s'agglutinait, vague toujours renouvelée, venant se briser contre les boucliers des soldats, repoussée par leurs javelots et leurs lances.

Je ne regardais pas ces hommes et ces femmes de toutes conditions, pèlerins ou marchands, prêtres ou mendiants. Mes yeux ne pouvaient quitter le visage et le corps de Jésus de Nazareth, mais j'entendais des voix hargneuses, pleines de haine et de sarcasme, hurlant :

« Si tu es le roi des Juifs, sauve-toi toi-même. »

« S'il est le roi d'Israël, qu'il arrache les clous, qu'il descende de la croix. Alors nous croirons en lui : il est dans les mains de Dieu, dit-il, il assure que Dieu l'aime, alors que Dieu le délivre. C'est le moment ! Il l'a bien dit qu'il était fils de Dieu. »

Ces ricanements, ces insultes, je les recevais comme des coups de lanière et j'avais envie de crier : « Qu'on le laisse vivre sa mort. »

Et tout à coup j'ai entendu la voix de Jésus de Nazareth, celle d'un homme exténué, et cependant elle était claire :

« Père, pardonne-leur, car ils ne savent ce qu'ils font », disait-il.

Et j'ai murmuré cette phrase comme si elle était mienne.

J'ai fermé les yeux. Quand je les ai rouverts, le ciel était plus sombre encore, et le vent soufflait fort, provoquant des tourbillons de sable gris.

L'un des crucifiés a hurlé :

« Puisque tu es le fils de Dieu, le roi, sauve-toi et sauve-nous ! »

Et penché en avant, tirant sur ses bras, sur ses mains clouées, l'autre larron a répondu :

« Tu ne crains donc pas Dieu, toi, condamné que tu es au même supplice ? Pour nous, c'est justice. Nous recevons le prix de nos crimes, mais lui, il n'a rien fait de mal. »

Puis d'une voix suppliante, il ajouta, tournant la tête vers ce Jésus de Nazareth qu'on nommait aussi Christos, le Christ, l'envoyé de Dieu :

« Seigneur, souvenez-vous de moi quand vous serez dans votre royaume. »

Et une nouvelle fois j'ai entendu la voix de Jésus de Nazareth. Elle était pleine de compassion et de tendresse. Jésus de Nazareth chuchotait pour le rebelle repenti, et cependant elle semblait parler à mon oreille.

Elle disait : « Je te le dis en vérité, dès aujourd'hui tu seras avec moi dans le paradis. »

Il faisait presque nuit alors qu'il n'était que trois heures de l'après-midi.

Les légionnaires achevaient de se partager les vêtements des crucifiés.

La tunique de Jésus de Nazareth était sans couture, et j'ai pensé qu'elle était à l'image de sa vie, unifiée, et que c'était pour ne pas la déchirer qu'il avait refusé le vin mêlé de myrrhe. Il n'avait pas voulu qu'on l'empêche de connaître la mort, la fin du destin humain.

Je vis des femmes qui, presque en rampant, s'étaient approchées de la croix, et maintenant agenouillées, elles pleuraient.

J'ai imaginé que l'une d'elles était sa mère, et au même moment j'ai entendu la voix de Jésus de Nazareth qui murmurait : « Femme, voici votre fils », et je vis en effet parmi les femmes un jeune homme aux cheveux bouclés, et c'est à lui que Jésus de Nazareth disait : « Voici votre mère. »

Le sol a tremblé. Et d'une voix rauque, Jésus a crié « *Eli Eli lema sabachtani*, Mon Dieu, mon Dieu, pourquoi m'as-tu abandonné ? »

L'angoisse m'a étreint, comme au terme d'une bataille perdue, quand on craint que l'ennemi vous saisisse par les cheveux et vous tranche la gorge.

19

Il dit encore : « J'ai soif. »

J'ordonnai à un légionnaire de plonger une éponge dans notre réserve de *posca*, cette eau teintée de vin qui avait un goût de vinaigre. Le soldat plaça l'éponge gorgée de ce breuvage au bout d'une lance, et humecta les lèvres de Jésus de Nazareth. Il me sembla l'entendre dire : « Père, je remets mon esprit entre tes mains, tout est consommé. »

Puis son corps se raidit dans un grand cri, et s'affaissa.

Le vent hurla. Les nuages de sable frappèrent mon visage, les bourrasques déchirèrent les voiles, forcèrent la foule à s'éloigner, laissant les femmes agenouillées au pied de la croix de Jésus de Nazareth. J'ai cru qu'une main puissante pesait sur ma nuque, m'obligeant à me courber, à rentrer la tête dans les épaules. Je tremblais de tout mon corps ; mais ce n'était peut-être que l'effet des secousses qui parcouraient la terre, brisant les rochers, ouvrant le sol.

J'ai murmuré :

« Et si cet homme était vraiment le fils de Dieu ? »

3.

J'ai regardé autour de moi comme si quelqu'un avait pu deviner mon trouble, entendre la phrase que j'avais prononcée et que je n'osais répéter.

Mais chaque mot battait en moi comme si j'avais eu dans la poitrine un autre cœur, aux pulsations si rapides, si fortes, qu'il frappait contre mes os, cherchant à fuir sa prison, se glissant dans ma gorge, me forçant à ouvrir la bouche, à le laisser libre, à dire, à haute voix : « Cet homme était le fils de Dieu. »

J'ai cru que j'avais clamé ces mots, mais personne n'était proche de moi.

Les soldats appuyés à leurs lances échangeaient entre eux les vêtements des crucifiés.

La foule s'était retirée et il n'y avait plus autour de la croix de Jésus de Nazareth que des silhouettes d'hommes et de femmes accablés, les unes agenouillées, les autres se tenant épaule contre épaule, ou bien s'enlaçant, et il me semblait entendre leurs sanglots.

J'étais si enseveli dans mes pensées que je n'ai pas vu le jeune homme aux cheveux bouclés, celui que Jésus de Nazareth avait appelé le fils.

Il était à mes côtés, et il murmurait :

« Le Christ a dit, le Père m'aime parce que je donne ma vie moi-même. Personne ne me l'a enlevée, je l'offre. J'ai pouvoir de la donner et de la reprendre. C'est le commandement que j'ai reçu de mon père. »

Il m'a semblé que la main qui courbait ma nuque s'était brusquement retirée, que je pouvais enfin respirer sans entraves.

« Je suis Jean, m'a dit le jeune homme. »

Puis il s'est éloigné.

Peu après est arrivé de la forteresse Antonia un légionnaire chargé de me transmettre les ordres du procurateur Pilate.

Le procurateur, m'a expliqué le courrier, était harcelé par les Juifs.

Les prêtres étaient inquiets. Ils refusaient d'admettre que Dieu avait donné des signes de son courroux.

Pourtant, la terre avait tremblé à Jérusalem. Le voile qui dissimulait dans le Temple le Saint des Saints s'était déchiré. Mais ils craignaient que des complices de l'imposteur, Jésus de Nazareth, ne se servent de ces événements pour répandre leur superstition, troubler l'ordre auquel les Juifs étaient aussi attachés que le procurateur romain. Or le sabbat allait commencer avec le coucher du soleil, ce vendredi, et il fallait s'assurer que les trois crucifiés étaient morts, afin que rien ne vînt troubler le culte divin. Ils demandaient au procurateur que l'on brisât les jambes des trois suppliciés, ainsi qu'on le faisait quand on voulait mettre fin aux agonies.

L'ordre était donc celui-là.

« Cet homme était vraiment fils de Dieu. »

J'ai désigné les légionnaires chargés de cette tâche.

Avec la hampe de leur lance, avec des gourdins, ils ont brisé les jambes des deux larrons qui étaient peut-être deux rebelles. Leurs corps ont tressailli, et l'un des deux a même poussé un cri bref et déchirant.

Mais quand les légionnaires se sont approchés de Jésus de Nazareth j'ai dit qu'il était mort déjà, et qu'il était donc inutile de briser les os de ce cadavre.

« Le procurateur veut savoir avec certitude », a dit le courrier.

J'ai baissé la tête en signe d'assentiment, mais d'un geste j'ai interdit qu'on brisât les jambes de Jésus de Nazareth.

Un légionnaire, avant que j'aie pu dire un mot leva sa lance. D'instinct, je me précipitai, écartant le soldat d'une rude poussée, mais il avait déjà frappé ce corps mort, ouvrant sur le flanc droit, à la base du torse, une plaie de la largeur d'une main.

De l'entaille, coulaient, mêlés, le sang et l'eau de Jésus de Nazareth, cet homme qu'on appelait aussi le Messie, l'envoyé de Dieu, le Christ.

4.

Je rapportais ces faits au procurateur qui m'avait convoqué à la forteresse Antonia.

Pilate était affalé plus qu'assis sur le siège de bois à haut dossier, les jambes étendues, la main droite soutenant le menton, le bras appuyé sur l'accoudoir.

Devant lui se tenait un homme dont l'attitude respectueuse à l'égard de Pilate ne parvenait pas à dissimuler le sentiment qu'il avait de son importance et son habitude d'être traité avec respect.

J'appris plus tard, quand nous regagnâmes le Golgotha, qu'il s'agissait de Joseph, habitant d'Arimathie, cette ville de Judée située entre Jérusalem et le port de Joppé.

Il était l'homme le plus puissant et le plus riche de la cité et, à Jérusalem, membre du Grand Conseil, le sanhédrin.

Je compris qu'il s'était opposé à la mise en accusation de Jésus de Nazareth, mais qu'il l'avait fait avec prudence et discrétion.

La mort de Jésus, loin de le conduire à plus de réserve, lui avait au contraire donné du courage et il venait réclamer au procurateur le droit, une faveur, d'ensevelir le corps de Jésus.

« Cet homme était vraiment fils de Dieu. »

Le visage du procurateur exprimait l'hésitation et l'ennui. Il caressait de ses doigts bagués sa bouche boudeuse et, se tournant vers moi, il me fit répéter que j'avais bien constaté la mort de Jésus de Nazareth.

J'en fis serment.

Alors, de la main gauche, d'un geste dédaigneux, Pilate renvoya Joseph d'Arimathie, indiquant d'une mimique qu'il acceptait qu'on déclouât Jésus de Nazareth, et qu'on l'ensevelît, là où Joseph d'Arimathie le souhaitait.

Le Juif avait expliqué, d'une voix qu'il tentait de rendre modeste, qu'il possédait un tombeau neuf, creusé dans la roche sur le flanc de la colline du Golgotha, à quelques pas de la croix sur laquelle on avait cloué Jésus.

Mais Pilate l'avait interrompu. Il ne voulait pas connaître ces détails. L'affaire pour lui était close, et la mort de ce Juif de Nazareth l'avait déjà trop occupé.

Il n'était pas digne d'un procurateur romain de s'enliser dans des querelles de Juifs.

J'ai donc quitté avec Joseph d'Arimathie la forteresse Antonia, et nous avons marché d'un bon pas jusqu'au Golgotha, suivis par quelques fidèles de Jésus qui avaient attendu Joseph d'Arimathie.

Le vent ne soufflait plus sur le Golgotha. Une déchirure de la roche, longue de trois pas, rappelait que la terre s'était fendue au moment de la mort de Jésus de Nazareth. Je me tins en retrait, regardant ces hommes déclouer le corps raidi et couvert de sang séché de leur maître, celui qu'ils appelaient Fils de Dieu.

Et j'étais de nouveau ému, les mots que j'avais prononcés battant dans ma poitrine.

Les hommes enveloppèrent le corps de Jésus dans un linceul, le visage recouvert par un linge.

Plus tard au tombeau, quand un autre puissant et riche Juif du nom de Nicodème apporta cent livres d'aromates – un mélange de myrrhe et d'extrait de bois d'aloès – ils enduisirent le corps et l'entourèrent de bandelettes, afin de maintenir les chairs putrescibles et d'effacer la puanteur qui s'en dégagerait.

Je vis tout cela, et la douleur de ces femmes assises, recueillies devant l'entrée du sépulcre, là où l'on avait porté le corps de Jésus de Nazareth.

Le tombeau était, comme Joseph d'Arimathie l'avait dit, creusé dans la colline du Golgotha.

J'y suis entré, suivant les hommes qui avec des attentions de mère portaient le corps.

J'ai dû baisser la tête pour avancer dans le vestibule du tombeau, au fond duquel se trouvait le sépulcre, auquel on accédait par une porte basse fermée par une grosse pierre qui glissait dans une rainure et qu'on pouvait bloquer par une cheville. Enlevait-on cette dernière que la pierre bloquait la porte.

Le corps fut couché sur une banquette creusée au flanc du sépulcre.

« Cet homme était vraiment fils de Dieu. »

L'émotion était trop forte pour que je puisse demeurer longtemps dans ce caveau, ou même à proximité de l'entrée du tombeau, aux côtés de ces femmes dont le désespoir m'atteignait, et pour lesquelles moi, Flavius, centurion romain, je ne pouvais manifester aucun signe de pitié.

Mes légionnaires avaient flagellé jusqu'à l'os Jésus de Nazareth. Ils l'avaient cloué sur la croix. Et l'un de mes soldats avait même entaillé ce corps mort de Jésus.

Qu'aurais-je pu dire ?

Rappeler que c'étaient les prêtres juifs qui avaient condamné un fils de leur peuple parce que cet homme se considérait comme fils de Dieu.

Et le procurateur romain avait tenté de l'arracher à la mort.

Mais à la fin c'était moi, Flavius le centurion, commandant mes légionnaires, qui avais été le bourreau, la main et la voix qui donnent l'ordre de tuer.

Le samedi matin, je suis donc retourné à la forteresse Antonia, et j'ai rendu compte au procurateur Pilate de ce que j'avais vu.

Il marchait de long en large, les bras croisés, le regard étincelant, la bouche tordue par la colère et l'impatience.

Dans le fond de la pièce se tenaient les grands prêtres juifs, et les représentants des pharisiens, ce groupe d'hommes que nous trouvions le plus souvent en face de nous, hostiles mais prudents.

Ils étaient poussés à nous résister par les zélotes, ces rebelles qui, depuis que Rome avait conquis la

Palestine – il y avait sept décennies –, étaient l'âme de toutes les révoltes.

Et peut-être les deux larrons crucifiés en même temps que Jésus de Nazareth étaient-ils des zélotes.

Seuls les riches et puissants – les sadducéens et les partisans du roi Hérode, que nous avions placés sur les trônes de Palestine, ne nous combattaient pas, tout en nous haïssant.

Mais nous étions les maîtres et il y avait péril de perdre trônes, biens et vie à s'opposer à nous.

J'ai donc écouté les grands prêtres et les pharisiens, qui parlaient avec assurance et obstination malgré la colère de Pilate.

« Seigneur, disaient-ils, il nous souvient que Jésus de Nazareth, cet égareur, a, de son vivant, dit : "Au bout de trois jours, je me relève." »

J'ai senti monter en moi, brûlant ma poitrine et ma gorge, cognant contre mes côtes, les mots : « Cet homme est le fils de Dieu. »

« Ordonne donc, procurateur, poursuivaient les prêtres, qu'on s'assure du sépulcre jusqu'à ce troisième jour, de peur que les disciples de cet égareur ne viennent le dérober et ne disent au peuple : "Il s'est relevé d'entre les morts. Il est ressuscité. Ce dernier égarement, cette dernière imposture seraient pires que les premiers." »

Le procurateur s'est avancé vers eux, la bouche méprisante. Il s'est arrêté à quelques pas des prêtres et des pharisiens qui n'avaient pas bougé, paraissant plus résolus encore.

« Cet homme était vraiment fils de Dieu. »

Pilate a brandi son poing dans leur direction.

« Vous avez une garde, cria-t-il. Allez, gardez-le comme vous l'entendrez. »

Il leur tourna le dos cependant que, dans un grand brouhaha et un envol de tuniques noires, les grands prêtres et les pharisiens quittaient la salle.

Je les ai suivis avec deux de mes légionnaires, car je croyais certains zélotes capables de m'agresser, non pour avoir crucifié Jésus de Nazareth, mais les deux brigands, les deux rebelles.

J'ai vu les grands prêtres donner leurs ordres pour qu'on scelle la pierre du tombeau, et qu'on place des gardes dans le vestibule du caveau, et tout autour du sépulcre.

Puis ils se sont éloignés d'un pas assuré.

Et j'ai pensé que personne ne pourrait dérober le corps de Jésus pour faire croire à sa résurrection. J'ai partagé ainsi les certitudes des grands prêtres. Mais, en moi, j'ai imaginé et j'en ai tremblé que si Jésus de Nazareth se relevait d'entre les morts, le monde entier serait contraint d'admettre que cet homme était le fils de Dieu.

Au moment où je quittais la colline du Golgotha, j'ai vu venir à ma rencontre ce jeune homme aux cheveux bouclés qui m'avait dit s'appeler Jean.

Je m'arrêtai en face de lui et écartai les deux légionnaires qui voulaient le repousser.

« De son vivant, Jésus a dit, murmura Jean : "L'heure est venue que le fils de l'homme soit glorifié. Qui aime son âme la perd, mais qui déteste son âme en ce monde la gardera pour la vie éternelle."

« "Oui, oui, je vous le dis, a affirmé Jésus, si le grain de blé tombé en terre ne meurt pas, il demeure seul, mais s'il meurt, il porte beaucoup de fruit." »

Jean a fait un pas en arrière.

« Jésus comme le grain de blé est mort », a-t-il lancé.

DEUXIÈME PARTIE

« Allez vite dire à ses disciples
qu'il s'est relevé d'entre les morts. »

Évangile selon saint Matthieu, XXVIII, 7

5.

C'était l'aube du dimanche.

Le troisième jour depuis la crucifixion de ce Jésus de Nazareth commençait.

J'étais debout, bras croisés, glaive au côté, dans la cour de la forteresse Antonia.

Devant moi, une escouade de dix légionnaires achevaient de se harnacher avant de partir patrouiller dans Jérusalem en ce lendemain de sabbat.

Je devais prendre leur tête, sur ordre du procurateur Pilate.

Nos espions nous avaient pourtant rapporté que la ville était calme.

Les princes des prêtres et les pharisiens étaient rassurés : le sépulcre de Jésus de Nazareth était gardé par leurs hommes. Quant aux disciples de celui qu'ils appelaient l'égareur, l'imposteur, ils se terraient, « navrés au fond de l'âme », avait dit un espion.

Ils craignaient qu'on ne les accusât de vouloir incendier le Temple – les prêtres avaient fait courir cette rumeur.

Ils se préparaient à quitter Jérusalem, à regagner la Galilée, dont la plupart, comme Jésus, étaient originaires.

On n'avait vu aucun d'eux s'aventurer aux abords du sépulcre.

Les femmes seules étaient restées longtemps devant l'entrée du caveau, agenouillées en larmes. Elles s'apprêtaient à revenir ce dimanche matin, avec des aromates et des parfums, pour en enduire le corps de celui qu'elles vénéraient.

Les espions avaient cité leurs noms, Jeanne, une Marie, une Salomé, une autre Marie, et surtout cette femme, venue du bourg de Magdala sur la rive du lac de Tibériade, Marie Madeleine, que, disait-on, Jésus de Nazareth avait prise sous sa protection.

Elles étaient cinq ou six, et elles se disaient entre elles : qui donc fera glisser la pierre qui ferme l'entrée du sépulcre ? Et les gardes, nous laisseront-ils y pénétrer ?

J'ai pensé que tout était trop calme, comme avant que les légions s'élancent vers l'ennemi, avant que les tambours battent, que les cris de guerre et de douleur déchirent le ciel.

J'ai levé la tête, perdu mon regard dans cette immensité bleutée, et j'ai été rassuré et en même temps désespéré.

Les jours succédaient aux jours, l'aube à la nuit.

Rien ne venait troubler l'ordre immuable des choses.

Jésus de Nazareth était mort, comme ces deux rebelles, qui avaient agonisé près de lui au Golgotha.

La mort l'emportait toujours.

« Cet homme était vraiment fils de Dieu. »

De la Germanie à l'Espagne, de la Cappadoce à la Syrie, et ici même en Palestine, j'avais tué tant d'hommes, vu tant de cadavres, tenu la main de tant de soldats agonisants, que je savais que la mort, quand elle s'est emparée d'un corps, ne lâche jamais prise.

Elle avait enfoncé ses griffes dans le corps de Jésus de Nazareth, elle allait pourrir ses chairs, blanchir ses os, et bientôt il ne serait même plus un souvenir.

Cependant, les mots entendus, les mots répétés, continuaient de battre en moi.

Était-ce ce Jean, qui avait dit : le grain de blé qui meurt porte beaucoup de fruit ? Et l'un des prêtres avait confié au procurateur que l'Imposteur prétendait ressusciter au troisième jour parce que l'heure était venue de la glorification du fils de l'homme.

N'était-ce pas là pourtant la preuve de la folie de cet imposteur, du pouvoir maléfique qu'il avait exercé sur des esprits faibles, naïfs, qui avaient cru en lui ?

Je savais, moi, homme de guerre qui avais si souvent brandi le glaive, que les mots, les cris, les sanglots, même ceux d'une mère, n'ont jamais chassé la mort d'un corps dont elle s'était emparée.

Fou celui qui croit cela possible !

Mais le rêve, l'espoir têtu continuaient de brûler en moi, comme une flammèche vacillante, persistante, seule manière d'affirmer que je n'étais pas une hyène, un chacal, un loup, mais un homme.

Et si cet homme, Jésus de Nazareth, était le fils de Dieu, alors, qui sait s'il ne se lèverait pas d'entre les morts.

Ces pensées contradictoires m'écartelaient et pour que cesse cette souffrance, que se dissipe cette inquiétude, j'ai donné l'ordre aux légionnaires de se mettre en marche.

L'aube était rose, la brise douce comme la caresse d'un voile, mais au moment où nous avons franchi la poterne, un grondement comme celui du tonnerre quand l'orage approche a résonné non dans le ciel, mais dans la profondeur de la terre, dans cette épaisseur de ténèbres où l'on ensevelissait les morts.

J'ai vu venir vers moi en courant l'un de nos espions. Il s'est agrippé à moi.

Il haletait, il répétait que le corps de Jésus de Nazareth avait été enlevé.

Il avait murmuré les yeux hagards « enlevé », comme s'il cherchait à s'en convaincre.

Les femmes, m'expliqua-t-il, arrivées à l'aube avec leurs aromates et leurs parfums, avaient découvert que la pierre qui fermait le sépulcre avait été poussée, et que le tombeau était vide. Les linges funéraires, les bandelettes étaient par terre, comme si Jésus s'était dépouillé du linceul et du suaire.

« Et tu as prétendu que le corps a été enlevé ? ai-je dit.

— Elles ont vu un ange du Seigneur, a repris l'espion. L'ange avait l'aspect de l'éclair et son vêtement était blanc comme neige. Il a dit aux femmes : "N'ayez pas peur. Jésus est ressuscité comme il vous l'avait annoncé. Allez le dire aux disciples et qu'il s'est relevé d'entre les morts. Voilà, il vous précède en Galilée, vous l'y verrez, voilà, je vous l'ai dit." »

L'espion tremblait.

« Cet homme était vraiment fils de Dieu. »

« Les femmes, poursuivit-il, ont couru prévenir les fidèles de Jésus, l'un nommé Pierre et l'autre Jean. Ils se sont rendus au sépulcre. Ils ont vu le tombeau vide, puis ils ont regagné Jérusalem, comme si le vent les portait, le visage rayonnant de joie.

— Ils ont cru, ai-je murmuré.

— Ils ont cru, a répété l'espion.

Avec hargne il a ajouté :

« Comme vous quand j'ai évoqué les linges funéraires, ils ont pensé que le corps de Jésus n'avait pu être enlevé. »

Il resta silencieux.

« Celle qui se nomme Marie Madeleine l'a vu ; oui elle a vu Jésus. Elle était restée seule, en larmes. Elle ne l'a pas reconnu aussitôt. Elle a imaginé qu'il était le jardinier du cimetière. "Si c'est vous qui l'avez emporté, a-t-elle murmuré, dites-moi où vous l'avez mis."

« Cet homme l'a nommée, et elle a su que c'était son *rabboni*, son maître.

« Elle s'est approchée, s'agenouillant devant lui, mais il l'a empêchée d'embrasser ses pieds, d'enlacer ses jambes avec dévotion.

« "Ne me retiens pas ainsi, a-t-il dit, ne me touche pas, je ne suis pas encore remonté vers mon père." »

J'ai fait taire l'espion. J'ai ordonné à mes légionnaires de rentrer dans la cour de la forteresse.

Puis je me suis éloigné de quelques pas, les propos rapportés par l'espion résonnant en moi.

Si Jésus s'était vraiment relevé d'entre les morts – et une flamme vive brillait vivante dans mon esprit –, alors il avait voulu faire comprendre à

Marie Madeleine qu'il venait de la région des ténèbres, de la profondeur de la mort, qu'il allait traverser à nouveau, lui, le fils de Dieu, le monde humain, avant de gagner le royaume de Dieu.

Je suis retourné vers l'espion, le menaçant, le secouant, comme on le fait d'un arbre pour qu'il laisse tomber tous ses fruits. Il devait me dire tout ce qu'il savait.

Les gardes du sépulcre, me raconta-t-il, quand ils avaient vu l'ange aux aspects d'éclair, avaient été « secoués de crainte et étaient devenus comme morts ».

Ils étaient allés annoncer aux princes des prêtres et aux pharisiens ce qui était arrivé. Les princes des prêtres avaient réuni le sanhédrin, et ce grand conseil, après avoir délibéré, avait remis une grosse somme d'argent aux gardes.

« Il faut dire, avaient-ils expliqué aux gardes, que les disciples de Jésus de Nazareth sont venus dérober son corps pendant que vous dormiez. Si le gouverneur vient à le savoir nous le persuaderons, nous vous mettrons hors de cause. »

Les gardes ont pris l'argent et ont commencé à faire ce qu'on leur avait dit. Et leur parole se répand, a ajouté l'espion. Les disciples de Jésus de Nazareth ont quitté Jérusalem et marchent vers la Galilée.

« Ils sont onze, a conclu l'espion en haussant les épaules. Onze et quelques femmes », a-t-il répété pour se rassurer.

Je l'ai congédié.

« Cet homme était vraiment fils de Dieu. »

J'ai levé la tête cherchant à suivre du regard le mouvement des fins nuages blancs. Mais dans le ciel le vent devait souffler fort et ils défilaient vite, échappant à mes yeux, se dirigeant vers un autre monde, qui, je le croyais, je voulais le croire, commençait aujourd'hui.

6.

J'ai vécu ce dimanche d'avril dans l'incertitude.

Des ruelles qui entouraient la forteresse Antonia montait la rumeur de la foule des pèlerins, marchant en psalmodiant vers le Temple.

C'était le jour de la fête juive de Pessah, qui rappelait le passage de l'Ange de la mort par-dessus les maisons des enfants d'Israël et la mise à mort de tous les premiers-nés des Égyptiens, puis le sacrifice de l'agneau pascal, et l'exode des Juifs hors d'Égypte.

Et c'est ce jour-là qui était aussi celui de la disparition du corps de Jésus de Nazareth, et, comme la rumeur s'en répandait auprès de ses disciples, le jour de sa résurrection.

Mais je ne voulais pas choisir entre les propos, les bruits, les intentions que me rapportaient les espions qui, en ce dimanche, se succédaient à la forteresse Antonia.

Ils profitaient du passage d'un charroi pour se glisser dans la cour, le visage dissimulé sous le bord rabattu de leur vêtement.

Ils s'approchaient de moi, comme des chiens craintifs et affamés. Ils chuchotaient.

« Cet homme était vraiment fils de Dieu. »

On avait vu Jésus. Il avait montré ses plaies à ses disciples. Il parlait, il mangeait. Il avait le corps d'un vivant, et il l'était et... cependant il ne l'était pas, apparaissant dans les maisons sans qu'aucune porte, aucune fenêtre lui ait été ouverte.

Il avait dit : « Pourquoi vous troublez-vous ? Pourquoi des doutes agitent-ils vos cœurs ? Voyez mes mains et mes pieds, c'est bien moi. Touchez-moi et considérez qu'un fantôme n'a ni chair ni os comme vous voyez que j'en ai. »

J'écoutais, ne laissant échapper aucun mot comme si chacun d'eux était un souffle d'air sans lequel un homme meurt étouffé.

Mais j'étais aussi pareil au spectateur d'une course de chars ou d'un combat de gladiateurs qui hésite à engager sa bourse sur l'un des concurrents, craignant de la perdre, et regrettant de ne pas jouer et de s'interdire ainsi de la remplir !

Et je savais pourtant, dès ce dimanche de Pessah, qu'il ne s'agissait pas de s'enrichir de quelques pièces d'or, mais de jouer sa vie, de la perdre ou de la gagner.

J'étais donc dans les déchirements, les troubles et les tourments.

Le procurateur Pilate auquel j'avais rapporté la nouvelle de la disparition du corps de Jésus de Nazareth avait d'abord paru accablé, puis il avait eu un mouvement de colère, balayant de l'avant-bras les coupes d'argent et la cruche qui se trouvaient sur un plateau placé près de son siège.

« Voilà ce qu'il faudrait faire des Juifs », avait-il crié, raser leur ville, détruire leur temple, Nabuchodonosor l'avait fait. Et il avait déporté le peuple à Babylone.

Mais les Juifs étaient comme du chiendent, coriaces et fauteurs de querelles.

Lui, Pilate, leur avait livré ce misérable magicien qui se prenait pour le fils de Dieu et le roi des Juifs.

Ils avaient eu ce qu'ils désiraient, la mort de l'imposteur.

Pilate les avait autorisés à faire garder le sépulcre. Et voilà que l'on volait ce corps, qu'on allait peut-être en faire une momie, comme en Égypte. Et les Juifs allaient se battre entre eux, pour savoir s'il fallait dresser des statues de ce Jésus ou brûler son corps !

Qu'ils s'entretuent !

Le procurateur s'était approché.

« Combien sont-ils, Flavius, dans cette secte d'adorateurs d'un fou ? »

J'ai répondu : « Onze et quelques femmes ! »

Le procurateur s'est esclaffé.

« Bois avec moi, Flavius », a-t-il lancé, frappant dans ses mains pour appeler un serviteur.

7.

J'ai bu avec le procurateur jusqu'à l'ivresse, jusqu'à ce que, me prenant par les épaules, puis me repoussant loin de lui, Pilate me dise de son ton altier de commandement :

« Occupe-toi d'eux, Flavius. Noie-les dans leur sang s'il le faut. Ils se valent tous. Tu réponds d'eux, sur ta tête. »

Ces mots m'ont dégrisé, ils m'ont exalté comme si je les avais désirés et même suscités.

Je voulais tout savoir de ce Jésus de Nazareth, de cette secte, de son corps disparu, et peut-être ressuscité.

À peine sorti de la pièce, j'ai donné des ordres pour qu'on retrouve, et conduise ici à la forteresse Antonia, ces espions, auxquels nous jetions quelques pièces et que nous chassions à coups de pied.

Je voulais qu'ils viennent me rendre compte, chaque jour, pour ceux qui flaireraient les traces des disciples de Jésus, ici, à Jérusalem et dans les cités proches, Béthanie, Emmaüs, Arimathie, Bethléem, Béthabara.

Que les autres arpentent les routes, se rendent à Joppé, et jusqu'en Galilée ou sur les rives du lac de

Tibériade, à Capharnaüm, à Magdala et à Nazareth, et qu'ils rentrent à Jérusalem, ou m'envoient un messager, s'ils avaient remonté de gros poissons dans leurs filets.

J'ai répété : « Je veux tout savoir. »

J'ai écouté chaque jour ces hommes en sueur qui tremblaient d'effroi devant moi, murmuraient leurs confidences, jetant autour d'eux des regards fiévreux, puis tendant la main.

À dessein, je lançais les pièces sur la terre, afin qu'ils s'agenouillent pour les chercher. Je voulais les entendre, mais je les méprisais.

Ces espions me livraient ces brins de laine, des fils trop courts ou trop emmêlés, et il fallait avec cela que je reconstitue une trame, que je tisse une pièce de drap, non pour le procurateur, mais pour moi.

Pilate qui m'avait d'abord écouté avec attention manifestait maintenant, après quelques jours, son indifférence et son ennui.

« Les Juifs aiment se haïr et cela nous sert, disait-il. Qu'ils s'entretuent, ils nous laisseront en paix. Ne leur tranche la gorge que s'ils se liguent contre nous. Nous ne sommes comptables que de l'intérêt de Rome et de la gloire de l'empereur. »

Ces propos et ces consignes du procurateur m'apaisaient. Je n'avais pour les disciples de Jésus de Nazareth que de la curiosité, et de la pitié.

Je gardais le souvenir de ces femmes éplorées au pied de sa croix, et peut-être, parmi elles, la mère du crucifié.

« *Cet homme était vraiment fils de Dieu.* »

J'étais surtout taraudé par des questions.

Qui était cet homme qui avait choisi de vivre sa mort en toute conscience ?

Qui était cet homme dont le cadavre avait disparu ?

S'était-il, vraiment, relevé d'entre les morts ?

Des espions m'assuraient que Jésus était apparu à plus de « cinq cents frères à la fois ».

Ses onze disciples, qu'il nommait les apôtres, l'avaient vu et reconnu.

Il avait cheminé aux côtés de pèlerins revenant de Jérusalem. Un espion qui ne s'était présenté qu'à deux reprises, et qui n'avait pas baissé les yeux ou cherché à dissimuler son visage me questionna, lorsque je le rencontrai une nouvelle fois :

« On me dit que tu veux savoir, que tu t'interroges sur la résurrection de Jésus de Nazareth, tu te demandes comment les morts ressuscitent, avec quel corps ils reviennent. C'est cela, n'est-ce pas ? »

Je n'ai pas répondu.

Il parlait avec trop de ferveur pour n'être qu'un espion, sans doute appartenait-il à la secte de Jésus, et était-il venu pour m'y attirer.

J'étais avide de l'entendre et j'ai baissé la tête comme pour lui faire comprendre que je l'écoutais avec humilité.

« Insensé, reprit-il, insensé celui qui ne conçoit pas que chaque grain qui meurt, chaque semence donne naissance et renaissance à un corps particulier. Toutes les chairs ne sont pas semblables : autre celle des hommes, autre celle du bétail, autre celle des oiseaux, autre celle des poissons. Il y a de même des corps

célestes et des corps terrestres, autre l'éclat du soleil,
autre l'éclat de la lune, autre l'éclat des étoiles, et une
étoile diffère d'une autre étoile. Ainsi en est-il de la
résurrection des morts. Semé dans la corruption le
corps ressuscite incorruptible, semé dans l'ignominie
il ressuscite glorieux, semé dans la faiblesse il ressuscite plein de force, semé corps animal il ressuscite
corps spirituel. S'il y a un corps animal, il y a un
corps spirituel. »

Il fit un pas en arrière, et nous restâmes ainsi l'un
en face de l'autre, croisant nos regards.

Il répéta, martelant chaque mot : « Le corps est
semé corruptible, il ressuscite incorruptible. »

Puis d'une voix plus forte il ajouta :

« Il est semé méprisable, il ressuscite glorieux. »

Il ne lui était pas nécessaire d'en dire plus.

Alors qu'il s'éloignait, sans avoir quémandé les
deniers que les autres espions sollicitaient, implorant
avec une fausse humilité, j'ai murmuré :

« Le corps de Jésus de Nazareth est mort, il a ressuscité, fait de chair et d'os, glorieux. »

Je n'ai plus revu cet homme qui devait être un disciple de Jésus, mais il avait semé en moi si bien que
je ne fus pas surpris par les récits des apparitions de
Jésus de Nazareth ressuscité.

On évoquait deux pèlerins, deux zélotes, dont l'un
se nommait Cléophas. Ils avaient assisté, désespérés,
à la crucifixion de Jésus. Ils cheminaient sur la route
qui conduit à Emmaüs, un bourg sur la route de

« Cet homme était vraiment fils de Dieu. »

Lydda et de Joppé, situé à six heures de marche de Jérusalem.

Le souvenir de ce qu'ils avaient vu au Golgotha les obsédait et les accablait. Un inconnu les rejoignit et s'étonna de leur air sombre.

« Tu es bien le seul de passage à Jérusalem à ne pas savoir ce qui s'y est passé ces jours-ci », dit Cléophas.

Il nomma Jésus de Nazareth.

« Nous espérions que ce serait lui qui rachèterait Israël. »

Mais il avait été trahi par Judas, l'un des siens. Les grands prêtres l'avaient condamné, livré aux Romains et crucifié.

Des femmes avaient prétendu qu'elles avaient vu un ou deux anges près du tombeau vide, où l'on avait enseveli Jésus. L'ange avait assuré que Jésus s'était relevé d'entre les morts.

L'homme s'emporta contre Cléophas et son compagnon, qui mettaient en doute les visions des femmes.

« Ô cœurs insensés et lents à croire tout ce qu'ont dit les prophètes. N'est-ce pas ce que le Christ devait souffrir pour entrer dans sa gloire ? »

Les pèlerins laissèrent parler l'inconnu sans l'entendre, et ils ne le reconnurent que le soir à l'étape, quand l'homme prenant le pain le bénit, le rompit et le leur donna.

Alors ils rentrèrent à Jérusalem, réunirent les onze apôtres et leurs compagnons et comme ils racontaient ce qui était survenu, Jésus tout à coup fut au milieu d'eux.

Tous furent affolés, effrayés, il leur semblait contempler un esprit.

Il leur dit : « De qui êtes-vous troublés ? Voyez mes mains et mes pieds, c'est bien moi, tâtez-moi, vous voyez bien qu'un esprit n'a ni chair ni os comme vous remarquez que j'en ai. »

Il leur montra ses mains et ses pieds.

Et comme dans leur joie, les disciples se méfiaient encore et s'étonnaient, il leur demanda :

« Avez-vous à manger ici ? »

Ils lui donnèrent une part de poisson grillé, qu'il prit et mangea devant eux.

J'en avais conscience : croire que Jésus de Nazareth était le fils de Dieu, c'était accepter le mystère de la Résurrection.

8.

Durant quarante jours je n'ai pas voulu croire et j'ai pourtant cru.

J'ai plusieurs fois malmené l'un de ceux qui me rapportaient les récits des disciples de Jésus de Nazareth, qu'ils n'appelaient plus seulement Maître, mais le Seigneur ressuscité, le Fils de Dieu.

« Ils ont vu le Seigneur », me disait l'espion.

Je le laissai d'abord me raconter comment un inconnu était apparu sur le rivage du lac de Tibériade en Galilée.

Il y avait là sept hommes autour de leur barque, tous disciples de Jésus de Nazareth, et cependant ils n'ont pas reconnu leur Seigneur.

Et l'homme a demandé à ces jeunes pêcheurs :

« Enfants, n'avez-vous rien à manger ? »

Tous – l'espion répétait quelques-uns de leurs noms que j'entendais pour la première fois : Pierre, Nathanaël, et les fils de Zébédée – se désolèrent, répondirent qu'ils n'avaient rien trouvé dans leurs filets.

Et l'inconnu leur dit :

« Jetez le filet à droite de la barque et vous trouverez. »

Ils hésitèrent, inquiets, puis après s'être concertés, ils lancèrent le filet et en quelques instants il fut si lourd de poissons qu'ils eurent peur de voir le filet se déchirer, la barque chavirer.

Ils relevèrent le filet. Il était chargé d'une pêche si fructueuse qu'elle leur parut miraculeuse et ils comprirent que l'homme était le Seigneur, le Ressuscité, et ils furent joyeux, reconnaissants mais encore craintifs.

Jésus de Nazareth leur dit :

« N'ayez pas peur. »

Puis brisant le pain, il ajouta :

« Venez et mangez. »

J'ai saisi l'espion aux épaules, et l'ai secoué.

Je lui ai serré le cou, et m'emportant j'ai crié :

« Tu mens, répète ce que tu as dit. »

Il répétait tremblant, et ma colère s'effaçait, la joie me pénétrait.

Jésus de Nazareth était donc vraiment ressuscité.

Je l'entendais qui interrogeait celui qu'on appelait Pierre et qu'il nommait « Simon, fils de Jean ». Et par trois fois il posait la même question :

« Simon, m'aimes-tu plus que ceux-ci ? »

Et Simon-Pierre répondait :

« Seigneur vous savez bien que je vous aime. »

Je payais l'espion, qu'il retourne en Galilée, qu'il recueille tous les récits, qu'il vienne me les rapporter et je le rétribuerais grassement.

L'espion s'éloignait, ses doigts crispés sur les pièces que je lui avais jetées.

« *Cet homme était vraiment fils de Dieu.* »

Et j'écoutais un autre espion, et celui-là me parlait de Thomas, le disciple qui n'avait pas voulu croire.

Ses compagnons avaient raconté à Thomas qu'ils avaient vu le Seigneur et que celui-ci avait mangé avec eux, puis leur avait dit : « Recevez le Saint-Esprit. Ceux à qui vous remettrez les péchés, ils leur seront remis, et ceux à qui vous les retiendrez ils leur seront retenus. »

Thomas avait haussé les épaules, secoué la tête, dit :

« Je ne le croirai pas, dit-il, à moins de voir à ses mains la marque des clous, de mettre mon doigt à la place des clous et de mettre ma main dans son côté, dans sa blessure. »

Les disciples se récrièrent.

Et je donnais raison à Thomas.

Mais Jésus revint.

Il dit, narrait l'espion : « Paix à vous », et s'adressant à Thomas il ajoutait : « Avance ton doigt ici, voici mes mains. Avance ta main, mets-la dans mon côté. Et ne sois pas méfiant, mais fidèle. »

Et Thomas avait répondu en s'inclinant : « Mon Seigneur et mon Dieu. »

« Tu as foi parce que tu me vois, dit Jésus. Heureux et magnifiques ceux qui n'ont pas vu et qui ont cru. »

À cet instant j'étais de ceux qui ont foi sans voir.

Et j'écoutais les yeux fermés, comme si en effet je n'avais nul besoin de regarder le monde, pour savoir.

L'espion me disait :

« Jésus s'est approché, et a parlé : "On m'a donné tout pouvoir sur le ciel et sur la terre. Allez donc à toutes les nations, faites-en des disciples, baptisez-les au nom du Père, du Fils et du Saint-Esprit.

Enseignez-leur à garder tout ce que je vous ai commandé. Et voilà que moi je suis avec vous tous les jours jusqu'à la fin des âges." »

Je crois, j'ai foi.

Puis après quarante jours, celui dont on me rapportait les propos et les actes, dont on me disait qu'il avait rempli le filet de Simon-Pierre, de cent cinquante-trois grands poissons, et malgré ce nombre, ce poids, le filet ne se déchira pas. Celui-là, Jésus de Nazareth fils de Dieu, disparaît.

Cet événement s'est produit au mont des Oliviers, au-delà des murs de Jérusalem, au-delà du ravin de Cédron, et du vieux cimetière.

Et les disciples ont dit seulement ceci :

« Le Seigneur nous conduisit jusque vers Béthanie et levant les mains il nous bénit, et comme il nous bénissait, il se sépara de nous et fut emporté au ciel. »

« Cette *ascension* quarante jours après la Résurrection, a commenté l'espion, a empli de joie les disciples.

« Ils sont retournés ici, à Jérusalem. Ils sont continuellement au Temple à bénir Dieu. »

Ils disent : « Le Seigneur Jésus fut enlevé au ciel et s'assit à droite de Dieu. »

Je regarde le ciel.

J'accepte le mystère, mais je veux tout savoir de la vie humaine de Jésus de Nazareth, cet homme fils de Dieu.

TROISIÈME PARTIE

« Je suis la voix de celui qui clame
dans le désert… Il y a au milieu de vous
quelqu'un que vous ne connaissez pas
qui vient derrière moi
et dont je ne suis pas digne de délier
la lanière des sandales. »

Jean Baptiste
Évangile selon saint Jean, I, 23-27

9.

Il est vivant.

Voilà ce que j'ai répondu à Livie, l'épouse du procurateur Pilate. C'était plusieurs jours après ce que les disciples de Jésus de Nazareth avaient appelé l'Ascension du Seigneur aux cieux.

J'étais seul dans la cour de la forteresse Antonia, attendant la relève des sentinelles qui gardaient les tours et la poterne. Tout à coup, j'avais vu Livie, courant le long de la galerie du premier étage. Elle me faisait des signes, ses bras nus s'échappant des voiles rouge sombre qui enveloppaient son corps.

Elle est apparue dans la cour, ses mains aux doigts écartés serrant ses joues, ses yeux immenses, cernés de teinture noire qui les prolongeait jusqu'aux tempes.

Elle s'est immobilisée un instant comme si brusquement elle hésitait, et j'ai pensé, à la manière dont elle redressait la tête, qu'elle allait me tourner le dos, regagner sa chambre dont nous savions tous qu'elle était située dans l'une des tours d'angle, et qu'elle y dormait seule, depuis que le procurateur avait quitté Jérusalem, pour parcourir la Judée et la Pérée, la Samarie et la Galilée.

On disait que Pilate se rendait à Tibériade, cette ville que le souverain Hérode Antipas désigné comme tétrarque par les Romains et à leurs ordres avait fait construire en l'honneur de l'empereur Tibère.

J'avais espéré être du voyage.

Je voulais rencontrer ce fils d'Hérode le Grand, époux d'Hérodiade, elle-même petite-fille d'Hérode le Grand, et d'abord épouse de Philippe son oncle, le demi-frère d'Hérode Antipas.

Hérodiade avait une fille, Salomé, dont Hérode Antipas était épris.

Ce n'était pas cette vie tumultueuse qui m'attirait à Tibériade mais le fait que Jésus de Nazareth, après son arrestation, avait été conduit devant Hérode Antipas.

Et j'avais appris que ce même Hérode Antipas, le souverain de la Galilée et de la Pérée, avait fait trancher la tête de Jean Baptiste, un homme qui, sur les bords du Jourdain, entre la Pérée et la Judée, baptisait, annonçant la venue d'un Messie, et nommant ainsi Jésus de Nazareth quand celui-ci s'était présenté devant lui. Je voulais comprendre et dénouer cette trame d'événements et de signes, qui avaient précédé la marche de Jésus de Nazareth vers la mort et la résurrection.

Je persévérais dans mon intention, connaître la vie humaine de celui qu'on appelait le Christ, le Seigneur, le Fils de Dieu, et qui était aussi Dieu le Père, et dont le souffle était porteur de l'Esprit saint.

Mais le procurateur m'avait désigné pour commander en son absence la garnison de la forteresse Antonia, et veiller ainsi sur son épouse Livie.

« Cet homme était vraiment fils de Dieu. »

Elle avançait vers moi, cheveux dénoués, marchant si vite qu'elle paraissait ne pas toucher le sol.

« Pilate a livré Jésus de Nazareth », murmura-t-elle, en s'immobilisant à un pas.

Elle avait la voix rauque.

Sur son visage, le maquillage noir avait coulé, griffant ses joues, des yeux au menton, comme si une bête fauve lui avait lacéré la peau.

Et c'était bien ce qui se passait chaque nuit, me dit-elle. Elle ne dormait plus, l'angoisse serrant sa gorge, et elle avait souvent la tentation de se jeter tête en avant contre les murs, et peut-être dans la cour depuis la galerie, pour que cesse cette souffrance.

« J'ai dit à Pilate : sauve-le, il est innocent. Mais il a cédé aux grands prêtres, puis à la foule des Juifs. Et cet homme est mort. Et son Dieu se venge. Toi, Flavius, tu as vu mourir Jésus, explique-moi. »

Peut-être ai-je souri, non pour me moquer d'elle, mais parce qu'en moi la paix régnait, la flamme de ma certitude était haute et claire.

« Il est vivant », ai-je dit.

Livie, d'un mouvement si brusque qu'il m'a surpris jusqu'à me faire chanceler, s'est précipitée contre moi, puis, comme effrayée, elle s'est écartée.

Ses yeux au fond des cavités noires me dévoraient.

« Tu crois toi aussi qu'il a ressuscité.

— Il est vivant », n'ai-je pu que répéter.

Elle m'a dévisagé un long moment, puis elle s'est éloignée, et je l'ai aperçue qui, lentement, dans la galerie, se dirigeait vers sa chambre, la tête penchée, comme si ce que je lui avais dit pesait en elle, la rassurait et l'accablait.

« Il est vivant », ces trois mots suffisaient à exprimer ce que je ressentais, ce que j'avais découvert.

Jésus de Nazareth était vivant parce qu'il vivait en ceux qui l'avaient côtoyé, qu'ils l'aient aimé, reconnu et suivi ou haï, et condamné.

J'avais été convoqué par le grand prêtre Caïphe, non au Temple, lieu sacré, où l'entrée d'un Romain aurait rappelé le sacrilège qu'avait accompli, jadis, il y avait sept décennies, Pompée entrant, le glaive à la main, dans le Saint des Saints.

Caïphe m'avait reçu au palais des grands prêtres, entouré de plusieurs membres du sanhédrin.

C'était un homme petit, comme écrasé par la lourde tiare dorée qu'il portait, et le corps dissimulé par un surplis ample et brodé.

Il était le beau-fils du grand prêtre Hanna, que le légat romain de Syrie avait nommé et destitué. Mais Hanna continuait de gouverner puisque Caïphe se soumettait à toutes ses volontés.

« On m'assure que tu t'intéresses à cet imposteur de Jésus, à ce magicien, à ce faux Messie », me dit-il.

Les yeux de Caïphe étaient des fentes, sa voix était aigre, son visage crispé. Le grand prêtre avait condamné Jésus de Nazareth, exigé que les Romains le crucifient. Mais je sentais Caïphe fébrile et inquiet. Et c'était la preuve que Jésus de Nazareth était vivant.

« Cet homme était vraiment fils de Dieu. »

« Que cherches-tu ? avait-il demandé. Tu parcours les rues de Jérusalem. Tu forces les portes. Tu questionnes. Tu menaces ceux qui ne te répondent pas.

— Rome, ai-je répondu, veut que l'ordre règne en Judée, en Pérée, en Samarie, en Galilée, des bords du lac de Génésareth aux rives de la mer Morte, de Tibériade à Massada. Je veille au nom de l'empereur Tibère et de son procurateur Pilate.

— Arrête et exécute ceux qui répandent les mensonges de ce Jésus, de cet égareur, et la Palestine connaîtra la paix, et ton empereur sera satisfait. »

J'ai vu la haine et la peur déformer les visages de Caïphe et des grands prêtres qui l'entouraient.

Ils avaient autour d'eux des gardes en armes. Ils gouvernaient des milliers de prêtres, de sacrificateurs, de trésoriers, de collecteurs d'impôts. Ils disposaient de caisses remplies d'or. Ils étaient si puissants qu'ils imposaient souvent leur volonté au procurateur romain, et ils le menaçaient d'en appeler à l'empereur.

Et c'est ainsi que Pilate avait accepté de sacrifier Jésus de Nazareth.

Et cependant Caïphe et les siens tremblaient lorsque j'évoquais cet homme que j'avais vu mourir sur la croix.

« Tu le crains », ai-je dit.

Et j'ai pensé : ils savent que cet homme est Dieu.

D'un geste Caïphe m'a congédié.

Je l'ai salué, puis, sur le seuil, j'ai lancé d'une voix forte, m'adressant à la foule qui se pressait dans les salles voisines :

« Vous le craignez parce qu'il est toujours vivant. »

10.

Ils ont voulu me tuer.

Les gardes et les prêtres ont crié que j'avais insulté et menacé Caïphe, prononcé des paroles sacrilèges.

La foule a grondé, puis m'a suivi tout au long des ruelles qui s'enfonçaient dans la ville basse.

J'ai marché plus vite, me refusant à courir.

Je voyais au-delà des remparts et des tours du palais d'Hérode le Grand le sommet du Golgotha.

Quand ils ont lancé les premières pierres, et crié qu'ils voulaient me supplicier comme l'imposteur dont je me réclamais j'ai cru que j'allais succomber et connaître le sort de Celui que j'avais crucifié.

J'ai été frappé au front. Le sang m'a aveuglé. Mes jambes se sont dérobées comme si elles venaient d'être brisées. Je suis tombé.

J'ai murmuré, j'entends encore ces mots qui envahissent ma bouche et que je ne parviens pas à faire jaillir :

« Mon Dieu, mon Dieu, pourquoi m'as-tu abandonné ? »

Et je me sens coupable, moi Flavius, l'indigne centurion romain, moi qui ai tué tant d'hommes au combat, et égorgé, crucifié tant de condamnés comme s'il ne s'agissait que d'animaux, d'avoir osé employer les mêmes mots que Jésus de Nazareth, homme et fils de Dieu, et Père des hommes. Mais à cet instant je ne connaissais plus que ceux-là.

J'ai deviné plus tard – beaucoup plus tard puisque la nuit était tombée – qu'on lavait puis essuyait mon visage, et lorsque j'ai ouvert les yeux, j'ai distingué dans la pénombre d'une pièce au plafond bas la silhouette d'un homme.

J'étais couché à même le sol de terre battue, et il était agenouillé près de moi. Je l'ai vu plonger une éponge dans une écuelle, puis humecter mes lèvres d'eau fraîche, baigner mon front et mes tempes.

« Je suis Matthieu, a-t-il murmuré, et tu es le centurion du Golgotha. Ils t'ont lapidé, laissé pour mort. Dieu m'a placé sur ta route. »

Je m'étais redressé, m'appuyant sur les coudes, regardant ces murs nus.

« Tu as dit, reprenait l'homme, toi qui l'as vu mourir, qu'il est vivant. »

Il avait répété qu'il se nommait Matthieu, qu'il avait été percepteur d'impôts, l'un de ces publicains qu'on haïssait parce qu'ils étaient dressés comme des chiens par leurs maîtres romains. Ils arrachaient les deniers, à grands coups de gueule. Et ils étaient gras parce que cruels et serviles.

« Jésus est passé devant ma perception, a repris Matthieu. J'étais assis. Je ne savais rien de lui. Il s'est arrêté devant moi. Son regard m'a pénétré. En un instant j'ai découvert que ma vie n'était que cendres, que toute flamme m'avait quitté. Je n'étais plus un homme mais un rapace. Le Christ m'a dit "Suis-moi." Il a soufflé ainsi sur la dernière braise qui rougeoyait encore. Je me suis levé et je l'ai suivi. »

Matthieu s'est penché vers moi, mais j'ai pris l'éponge de ses mains et j'ai commencé à me laver le visage. Et l'eau en glissant le long de mon cou me rendait la vie.

« Tu dis qu'il est vivant, a répété Matthieu, et tu ne l'as pas vu ressuscité. À l'un des nôtres, Thomas, il a dit : "Heureux et magnifiques ceux qui n'ont pas vu et qui ont cru."

— Je ne sais encore rien, ai-je répondu.

— Le temps viendra. Va où le Seigneur te conduit, à Nazareth ou à Bethléem, recherche sa trace, chacun de tes pas te rapprochera de lui. Et quand il l'aura décidé, tu sauras, tu le suivras comme je le suis. Il a cessé d'être homme, mais il est en chacun de nous. »

11.

J'ai arraché ma peau de centurion romain.

J'ai laissé ma tunique de cuir, mon casque et ma cuirasse de métal doré à la forteresse Antonia.

Puis j'ai arpenté, vêtu de laine, le visage à demi dissimulé par une capuche, les chemins de Palestine.

J'étais devenu l'un de ces marchands ou de ces pèlerins qui se pressaient, à Jérusalem, devant le Temple, psalmodiaient, leurs corps oscillant, face au Saint des Saints, comme ceux des arbres secoués par le vent.

Matthieu m'avait dit, au moment où je le quittais, profitant de la nuit pour regagner la forteresse :

« Si tu veux le trouver, deviens pareil à nous. »

Il avait effleuré du bout des doigts mon torse serré dans ma cuirasse sculptée qui épousait la forme de mes muscles.

« Dépouille-toi, avait-il dit, abandonne les signes de ta vigueur, accepte de paraître faible et tu seras encore plus fort. »

J'avais craint, rentrant à la forteresse, de me heurter au procurateur qui avait regagné Jérusalem.

Je ne savais comment lui annoncer que je voulais quitter l'armée de Rome, pour ne plus être qu'un citoyen, ou même l'un des sujets de l'Empire.

Mais il me paraissait trop préoccupé pour prêter attention à ma requête, et je m'étais donc tu, cependant qu'il allait et venait, penché en avant, sa main droite soutenant son menton.

Il se parlait à lui-même plus qu'il ne s'adressait à moi.

Il avait vu à Tibériade le tétrarque de Galilée Hérode Antipas et ses femmes, qui étaient la mère et la fille, Hérodiade et Salomé.

Dans ce palais immense, où le marbre était si pur qu'on pouvait croire que les murs étaient recouverts de miroirs, il n'avait rencontré que des fous et des porcs.

Le procurateur s'emportait :

« Le père Hérode le Grand a tué ses épouses, ses fils, et ceux qui lui ont survécu, comme Hérode Antipas, se vautrent dans le crime, dans la vengeance, dans l'inceste. »

Pilate s'était avancé vers moi.

« Ils ont tous voulu que ce Jésus de Nazareth meure, et Hérode Antipas tremble parce qu'il a fait décapiter celui qui précédait Jésus, un Jean Baptiste. Sais-tu qui il était ? Ces deux-là, Jean Baptiste et Jésus, auraient encore des partisans. Je t'avais demandé de tout savoir, et tu ne dis rien ? Ici, Flavius, ce sont les serpents et non les lions qui règnent. Avant de tirer ton glaive hors du fourreau, il faut savoir qui frapper, et d'un seul coup trancher les têtes venimeuses de tous ces reptiles. Où en es-tu, Flavius, qu'en est-il de ce Jésus ? Est-il vraiment mort ? Et ce Jean Baptiste, que m'en dis-tu ? Hérode Antipas est-il hanté par le souvenir de cet homme qui baptisait, sur les rives du Jourdain ? Qu'attends-tu pour aller là-bas ? Je me défie de ces grands prêtres, de ce Caïphe, ils se servent de nous pour régler leurs querelles. Crois-tu que je ne sais pas que ce Jésus de Nazareth était innocent ? Livie me rappelle chaque nuit qu'elle m'avait averti, que je devais rester à l'écart, laisser les Juifs tuer ce Juif.

Il avait passé sa main sur mon épaule :
« Mais c'est toi Flavius qui as donné l'ordre de planter les clous, et tu dors la nuit ? Il ne vient pas te harceler ? »
J'ai menti, j'ai dit que je célébrais le culte de l'empereur. J'ai ajouté que pour remplir la tâche que le procurateur me confiait, je ne devais plus apparaître comme un Romain.
« Les serpents fuient devant moi », ai-je dit.
Pilate a haussé les épaules.
« Si tu veux jouer au Juif. »
Il m'a longuement dévisagé, la tête un peu penchée, comme s'il percevait que je n'étais plus seulement le centurion qui obéit aveuglément aux ordres que lui donne le procurateur. Pilate a compris que je jouais ma partie. J'ai deviné qu'il refusait de la connaître. Ignorer, c'est se rassurer. Mais il m'a mis en garde.
« Ne deviens pas serpent, Flavius, a-t-il dit, et ne te laisse pas duper par ces magiciens. »
Puis d'un geste il m'a renvoyé.

Le jour même, j'ai pris la route qui de Jérusalem se dirige vers la mer Morte.

12.

J'ai marché comme un pèlerin parmi les pèlerins.

Celui qui guidait mes pas avait voulu qu'au moment où je franchissais le rempart de Jérusalem par la porte de la Poterie, un groupe de sept hommes se trouvât devant moi.

Ils étaient maigres et leurs yeux dévoraient leurs visages, comme on le voit chez les croyants qui font retraite et jeûnent dans le désert.

Mais ceux-là sortaient de la ville.

Ils entouraient un âne lui aussi famélique. Et il semblait que les sacs qu'ils portaient creusaient l'échine de l'animal et le dos des hommes.

J'ai aussitôt pensé qu'ils avaient vécu cachés, enfouis dans des caves ou des masures aux fenêtres obturées, attendant que la persécution qui s'était abattue sur les disciples de Jésus de Nazareth cessât.

J'ai hâté le pas pour les rejoindre.

Les gardes, au service du sanhédrin, les menacè-rent, les insultèrent, les traitant de rats, de ceux qui empoisonnent les citernes, qu'il faut brûler vifs.

« Cet homme était vraiment fils de Dieu. »

Car, criaient les gardes, ces hommes faisaient partie, il suffisait de les voir pour s'en convaincre, de la secte de l'imposteur, du blasphémateur, du magicien. Peut-être parmi eux se trouvaient-ils ceux qui avaient dérobé le cadavre de ce faux Messie afin de faire croire qu'il était ressuscité.

Qu'ils ne s'avisent pas de vouloir rentrer un jour dans la Ville sainte.

Qu'ils sèchent dans le désert entre les cailloux, les serpents et les sauterelles ! Et que leurs os blanchissent et soient confondus avec les pierres. Hors de Jérusalem, les rats !

Je me trouvais à quelques pas derrière ces hommes et j'ai reçu ma volée de coups de bâton et d'injures.

J'ai courbé le dos, je me suis tu, et les pèlerins m'ont attendu pour me donner à boire.

Et j'ai marché à leur côté.

Ils se rendaient à Béthabara, m'ont-ils dit, là où l'homme qu'ils nommaient Jean le Baptiste avait durant plusieurs mois baptisé dans l'eau glacée du Jourdain des milliers de pèlerins. Le procurateur m'avait parlé de cet homme-là.

Un jour d'hiver, parmi ceux qui attendaient d'être baptisés, et bénis par Jean, il y eut Celui dont on ne doit pas parler sous peine d'être arrêté, jugé, condamné, et cloué sur la croix au Golgotha. Mais Il est ressuscité, disaient en chœur les sept hommes, et Il est assis à la droite de Dieu.

J'ai écouté tête baissée, moi qui avais commandé les bourreaux.

J'ai marché comme si j'avais porté la poutre de la croix qui cisaille la nuque et le dos.

Au moment où la nuit tombait nous sommes entrés dans le village d'Aïn-Karim.

Les pèlerins se sont installés dans la cour d'une grande maison qui semblait abandonnée et qu'ils paraissaient connaître.

Ils ont allumé le feu, béni et brisé le pain dont j'ai eu ma part.

L'un de ces hommes s'est tourné vers moi.

De son visage, je n'ai vu que ses yeux. Ils m'aveuglaient comme parfois le font les braises incandescentes, dont la lueur brûle.

« Je ne veux pas savoir qui tu es, a dit cet homme. Et peu m'importe ce que tu as fait jusqu'à ce que tu marches avec nous. »

Il a saisi mes mains, les a serrées.

« Dieu connaît tout de toi, et il t'a placé sur notre route. Tu peux nous suivre si tu le veux. »

Il s'est tu longuement, et à plusieurs reprises j'ai fermé les yeux, ébloui, pénétré par son regard.

« Mon nom est Marc, a-t-il repris.

— Je suis Flavius, centurion romain, j'étais au Golgotha. »

J'avais dit ces mots en hâte comme pour me débarrasser d'une charge qui m'écrasait, qui m'étouffait.

Il a paru ne pas avoir entendu. Il a dit :

« Ceux qui étaient aux côtés du Christ depuis le premier jour, quand Jean le Baptiste l'a reconnu, m'ont raconté ce qu'ils ont vu. J'ai foi en eux parce que j'ai foi en Lui. Toi aussi, si tu le veux, quand tu auras appris, tu pourras devenir l'un des nôtres. »

Il avait employé les mêmes mots que Matthieu.

J'ai dit, penché vers lui, attiré par la lueur de ses yeux :

« Je veux savoir, je veux apprendre. »

Marc m'a saisi aux épaules, m'a embrassé, puis il a commencé à parler et d'autres voix se sont jointes à la sienne, et toutes ensemble elles ont tissé la trame de ce récit qui m'habite.

13.

Je suis resté seul dans la cour de la grande maison d'Aïn-Karim.

Les pèlerins m'avaient invité à me rendre avec eux à Béthabara. Nous nous immergerions dans le Jourdain, là où Jean le Baptiste avait reconnu le Messie.

J'avais refusé d'un signe de tête.

Je voulais égrener tous les mots qu'au cours de la nuit, Marc et ses six compagnons avaient semés en moi.

« Quand je t'aurai raconté, m'avait dit Marc, tu seras devant le mystère. Tu pourras l'accepter ou le refuser. Laisse-toi envahir par lui. Ne ferme pas la porte sans savoir qui veut entrer dans ton cœur. »

Je devais affronter seul ce choix.

Je voulais dévider ces récits qui m'avaient envahi.

Les pèlerins avaient levé leurs mains pour me saluer, puis ils avaient franchi le portail.

Seul Marc s'était retourné et était revenu vers moi.

J'avais éprouvé un moment de joie intense et de crainte. Marc allait me tendre la main et me forcer à

« Cet homme était vraiment fils de Dieu. »

l'accompagner, j'allais accepter, heureux de cette fra-
ternité qu'il me proposait, mais ce serait aussi ma
défaite, la fuite. Et j'avais honte déjà de céder à cette
tentation.

Mais Marc n'a pas fait le geste et n'a pas prononcé
les mots que je craignais et espérais.

Il a dit simplement :

« Tu le sais maintenant, ici, à Aïn-Karim, Dieu a
manifesté Sa volonté et tout a commencé. Ici, tous
les destins se sont noués. »

Marc m'a pris les mains, m'a attiré contre lui, puis
il s'est éloigné.

J'étais seul au centre de la cour. Mes jambes ont
fléchi.

Je me suis allongé sur la terre noire faite de bouse
et de boue.

Et mes bras se sont ouverts comme ceux d'un
crucifié.

Combien de jours et de nuits se sont-ils écoulés ?

Ma peau brûlait dans l'intense chaleur du jour et
l'implacable froid de la nuit.

Je gardais les yeux ouverts, si bien que je ne recou-
vrai la vue que longtemps après que le soleil avait
disparu.

Après, peu à peu, le ciel nocturne s'illuminait des
myriades de lueurs célestes.

Moi qui avais parcouru toutes les routes de
l'Empire, veillé tant de nuits le long des palissades de
nos camps, ou dans les tours de guet, je découvrais
que je n'avais jamais regardé le ciel, jamais tenté de
suivre l'une de ces étoiles qui tout à coup semblait
tomber vers moi en déchirant la voûte sombre.

Jamais je n'avais cherché à voir au-delà de la portée d'un javelot, ou d'une machine de guerre, et le plus souvent ma vue et ma pensée s'arrêtaient à la poitrine et à la gorge de l'ennemi qu'il fallait percer, trancher.

Et voici le ciel, et voici son mystère.
Je le voyais enfin !
Je n'avais plus besoin de manger et de dormir, ni même de bouger.
J'étais les bras en croix, collé à la terre.
Mes mains étaient ouvertes, paumes tournées vers le ciel.
Mes yeux se remplissaient d'étoiles.
Le mystère était entré en moi, ici, à Aïn-Karim.

14.

Le froid nocturne pénétrait et meurtrissait mon corps raidi. Et les mots de Marc et de ses compagnons le brûlaient.

Où était la vérité ? Dans la glace ou dans le feu ?

Plusieurs fois, j'ai eu la tentation de m'enfuir, de courir jusqu'à la forteresse Antonia, de retrouver ma peau de centurion, de cuir et de fer, de faire mes dévotions aux divinités de notre religion, et de chercher à lire dans les viscères des oiseaux mon avenir, et de me laisser inonder par le sang d'un taureau égorgé afin de décupler ma force et ma virilité.

Puis je pensais à ces deux enfants, l'un conçu ici, dans cette maison d'Aïn-Karim, l'autre dans une masure de torchis, basse, construite au milieu des oliviers ou bien dans l'une de ces maisons aménagées dans les grottes des falaises qui entourent Nazareth.

L'un et l'autre de ces enfants avaient été annoncés par un messager de Dieu, l'archange Gabriel.

Le premier, celui d'Aïn-Karim, avait pour parents Zacharie et Élisabeth.

Ils appartenaient à une lignée de grands prêtres, dont le fondateur avait été Aaron frère aîné de Moïse.

Mais ils étaient vieux, n'espéraient plus avoir de descendant, et c'était une malédiction.

Élisabeth était stérile comme un rocher.

Et tout à coup, ce messager divin, annonçant à Zacharie qui était dans le Saint des Saints, au Temple, à Jérusalem :

« Ne crains rien, Zacharie. Je t'apporte une réponse, car ta demande a été exaucée. Ta femme Élisabeth t'enfantera un fils et tu l'appelleras Jean. Il fera ta joie et ton allégresse et beaucoup se réjouiront de sa naissance, car il sera grand devant le Seigneur, il ne boira ni vin ni rien de fermenté, il sera rempli de l'Esprit saint dès le ventre de sa mère. »

Le second, celui de Nazareth, naquit à Bethléem, la ville du roi David, le plus grand roi d'Israël, successeur du roi Saül, le père du roi Salomon et vainqueur de Goliath. Sa mère se nommait Marie, elle était la cousine d'Élisabeth. Autant celle-ci était vieille, autant Marie était jeune, à peine quinze ans, promise à un homme plus âgé, prénommé Joseph.

Tous deux habitaient donc à Nazareth en Galilée. Et jamais encore Joseph n'avait touché et pénétré le corps de Marie.

Un jour, l'archange Gabriel, celui-là même qui avait annoncé à Zacharie qu'il devait bientôt être père, se présenta à Marie :

« Réjouis-toi, Gracieuse, le Seigneur est avec toi, tu es bénie entre toutes les femmes. »

« Cet homme était vraiment fils de Dieu. »

À cette parole Marie se troubla et l'archange Gabriel la rassura.

« Voilà que tu vas concevoir et enfanter un fils. Tu l'appelleras Jésus. Il sera grand et on l'appellera Fils du Très-Haut et le Seigneur Dieu lui donnera le trône de David, son père. » Car Joseph et Marie appartenaient à la descendance de David.

Marie dit à l'ange : « Comment cela serait-il puisque je ne connais pas d'homme ? »

Et l'ange répondit : « L'Esprit saint surviendra sur toi, la puissance du Très-Haut te couvrira ; c'est pourquoi l'enfant sera saint et on l'appellera Fils de Dieu. »

Il annonça que la cousine de Marie, Élisabeth, celle qu'on appelait Stérile, venait de concevoir un fils dans sa vieillesse, car rien n'est impossible à Dieu.

Et Marie dit :

« Me voici l'esclave du Seigneur. Qu'il en soit de moi comme tu dis. »

Et l'ange disparut.

Alors Marie, vierge et grosse d'un fils divin, quitta Nazareth et la Galilée pour se rendre chez Élisabeth, à Aïn-Karim en Judée.

Deux cousines, aux destins liés, toutes deux enceintes par la volonté de Dieu, l'une vierge, l'autre vieille et stérile, l'une fécondée par l'Esprit saint, l'autre enceinte en dépit de son âge.

Et quand Marie entra dans la grande maison d'Aïn-Karim, qu'elle salua Élisabeth, celle-ci sentit son enfant bouger dans son ventre.

Élisabeth poussa un grand cri :

« Ô bénie entre les femmes, et béni le fruit de ton ventre. Et d'où me vient que la mère de mon Seigneur vienne vers moi ? »

Et Marie ainsi reconnue dit d'une voix claire et forte :

Mon âme célèbre le Seigneur
Et mon esprit exulte en Dieu mon sauveur
Car il a regardé l'humilité de son esclave
Et voulu que désormais toutes les générations me
*   diront magnifique*

Parce que le Puissant a fait pour moi de grandes
*   choses et son nom est saint.*

Et Marie demeura avec Élisabeth environ trois mois et s'en retourna en Galilée, dans sa maison de Nazareth.

Le destin de Jean qui sera le Baptiste et celui de Jésus, né homme, fils de Dieu, se sont ainsi comme me l'avait dit Marc, noués ici à Aïn-Karim.

Mais tout est mystère. Je dois l'accepter ou le refuser.

Le froid glacial de la nuit me pétrifie.

Je suis un corps mort crucifié sur le sol de bouse et de boue. Chaque mot que je ressasse est mystère. Mais chacune des étoiles innombrables est aussi mystère, comme l'est l'immensité infinie du monde.

Et pourtant l'étoile brille dans la voûte qui me surplombe. L'étoile et le monde sont vérités.

Tout se noue.

La vérité est mystère et le mystère est vérité.

15.

Un matin – j'ignore après combien de jours et de nuits – j'ai su que si je ne m'arrachais pas à la bouse et à la boue, elles me dévoreraient.

J'ai voulu me lever, mais il m'a semblé que j'étais collé à la terre, sans force, ne pouvant même pas replier les bras et les jambes, tant mes genoux, mes épaules et mon torse étaient douloureux.

J'ai eu la tentation de ne pas bouger, de sécher sur cette terre noire sur laquelle avaient marché Marie de Nazareth, enceinte de Jésus, Élisabeth, enceinte de Jean Baptiste, et Zacharie, qui un instant avait douté de la prophétie de l'archange Gabriel et avait interrogé le messager de Dieu :

« Comment croire que cela sera ? lui avait-il demandé. À quoi m'y reconnaître car je suis vieux, moi, et ma femme est d'âge avancé. »

Et l'ange courroucé avait répondu :

« Moi, je suis Gabriel et je me tiens devant Dieu et j'ai été envoyé pour te parler et t'annoncer cela, que ta femme Élisabeth, vieille et stérile, portera un fils que tu appelleras Jean.

« Mais tu vas te taire et tu ne pourras plus parler jusqu'au jour où ces choses arriveront, parce que tu ne t'es pas fié à mes paroles qui s'accompliront en leur temps. »

J'ai à nouveau essayé, en m'appuyant sur les coudes, de me dresser. Je n'ai réussi qu'à rouler sur le côté, puis à me retourner et je suis resté ainsi, le visage dans la bouse et la boue.

J'étais comme Zacharie, condamné à ne pouvoir parler, la bouche pleine de terre.

Zacharie resta muet durant toute la grossesse d'Élisabeth.

Huit jours après la naissance de l'enfant quand était venu le temps de la circoncision, tous appelaient déjà le nouveau-né Zacharie du nom du père comme c'est la coutume, Élisabeth refusa, et dit qu'il se nommerait Jean.

On s'étonna, on s'indigna. Elle ne respectait pas la loi. Personne dans sa lignée et dans celle de son époux n'avait porté ce nom.

Mais Zacharie consulté écrivit sur une tablette *Jean*, et aussitôt il recouvra la voix, parce qu'il avait obéi à Dieu.

Et j'ai réussi, en prenant appui sur mes paumes, à m'accroupir, et j'ai pu répéter les premiers mots qu'avait prononcés Zacharie dès qu'il eut retrouvé la parole.

Zacharie avait parlé de Jean, mais aussi d'un autre enfant, qui naîtrait dans la maison de David.

« *Cet homme était vraiment fils de Dieu.* »

Et Jean apprêterait les chemins pour cet enfant qui se nommerait Jésus.

Il fallait que j'aille à Béthabara puisque c'est là sur les bords du Jourdain que les deux enfants devenus de jeunes hommes se rencontreraient.

Je suis parvenu à m'agenouiller, et je suis resté ainsi cependant que le soleil naissant embrasait l'horizon.

Peut-être serais-je retombé dans la bouse et la boue si un berger ne m'avait vu, n'était entré dans la cour, m'offrant à boire ce lait aigre qui me donnait la force de saisir la main que l'homme me tendait.

Lorsque je fus debout, il m'a semblé que la terre oscillait.

« Marche avec moi, si tu le peux, me dit le berger. Je vais jusqu'au Jourdain, je franchirai le gué de Béthabara. Tu m'aideras à rassembler mes moutons, tu auras du lait, du fromage et du pain. »

J'ai répété les mots de Zacharie :
« Béni soit le Seigneur, le Dieu d'Israël, parce qu'il a visité et racheté son peuple. »

16.

J'ai marché sur le plateau qui s'étend de Jérusalem au Jourdain.

J'avais autrefois quand la peau de fer et de cuir du centurion serrait mon corps parcouru les chemins brûlés par le soleil incandescent.

J'éprouvais de nouveau une sensation de vertige, et je l'avoue d'effroi, en arrivant au bord de l'étendue blanche du plateau, tout à coup fendue, et au fond de l'abîme ainsi ouvert, je redécouvrais cette plaque d'eau noire, la mer Morte, enfouie dans le désert et les falaises, comme dans une plaie béante.

Là j'ai cru apercevoir les entrailles de la terre. Je reconnaissais les bourgs de Jéricho, de Béthanie et de Qumram et sur l'autre rive du Jourdain, Béthabara.

Centurion, je n'avais jamais traversé le gué.

J'avais reçu l'ordre du procurateur de chasser des grottes où ils se terraient les esséniens disciples d'un Maître de Justice, qui annonçait la venue d'un Messie.

J'avais rassemblé ces hommes aux yeux fixes, dont les os perçaient la peau tannée, et comme un troupeau docile, je les avais conduits vers la mer, vers le port de Joppé, où on les jetterait dans les cales des navires. Ils seraient vendus comme esclaves en Sicile, où ils mourraient au bout de quelques semaines au fond des mines.

Et nombreux étaient morts avant de parvenir à Joppé, et ceux-là, avais-je encore pensé, pouvaient remercier leurs divinités de leur avoir épargné un temps de souffrance.

Ainsi cependant que je descendais vers le gué de Béthabara, vers cette rumeur de l'eau et cette brume qui montaient du Jourdain, chaque pas faisait surgir un souvenir.

Je voyais apparaître les visages de ces hommes de foi, qui n'avaient jamais livré leur Maître de Justice, et dès que nous avions quitté la région avec nos pauvres proies humaines, les grottes s'étaient à nouveau remplies de croyants.

Et ce sont ces hommes-là, de la secte du Maître de Justice, qui avaient les premiers rejoint Jean, quand il avait commencé à prêcher, sur les bords du Jourdain, au gué de Béthabara.

J'ai quitté le berger et ses moutons.

Ils allaient vers le sud de la Pérée, cette région qui borde à l'est la mer Morte et dont le tétrarque est Hérode Antipas.

Et Jean condamnait ce souverain, ce tyran adultère et incestueux qui avait épousé Hérodiade et était l'amant de Salomé, la fille de cette épouse.

Jean ressemblait à ces hommes des grottes.

Il était si maigre que l'on voyait chacun de ses os. Il ne se nourrissait que de miel et de sauterelles, ou de quelques figues.

Il marchait à grands pas, le visage tourné vers le ciel, ignorant la foule qui le suivait, et devenait parfois si dense qu'il ne pouvait plus avancer. Il portait un vêtement de poil de chameau et autour des reins une large ceinture de cuir.

Il entrait dans l'eau écartant les longs roseaux, les branches des figuiers et des palmiers qui formaient le long du Jourdain une végétation touffue.

Et il invitait ceux qui voulaient se purifier et se soumettre au Messie, dont il annonçait la venue, à le rejoindre dans le Jourdain, et il pesait de ses deux mains sur leurs épaules, afin qu'ils soient entièrement recouverts par l'eau.

Je me suis immergé dans les eaux glacées du Jourdain. Et je me suis souvenu des récits de Marc et de ses six compagnons.

Jean, m'avaient-ils dit, parlait sans détours, interpellant les hommes qui se pressaient sur la rive, attendant de pouvoir être baptisés.

« Race de vipères, leur criait Jean, qui vous a montré à fuir la colère qui vient ?... Déjà la cognée est à la racine des arbres. Tout arbre donc qui ne fait pas de beaux fruits est coupé et jeté au feu. »

On le questionnait avec angoisse.

Et seul, au milieu du courant, je répétais à haute voix, comme l'avaient fait ceux qui voulaient être baptisés par Jean : « Qu'est-ce qu'il faut donc faire ? »

« Cet homme était vraiment fils de Dieu. »

À l'un, il répondait :

« Que celui qui a deux tuniques partage avec celui qui n'en a pas, et que celui qui a de quoi manger fasse pareil. »

Il disait au soldat :

« Ne brutalisez personne, ne volez pas, ne mouchardez pas. Qu'il vous suffise de votre solde. »

Et au percepteur, il ordonnait :

« N'exigez rien au-delà de ce qui vous est commandé. »

Je suis sorti de l'eau et suis allé m'asseoir sur la berge, entre les roseaux et les palmiers. Les falaises de Qumram, percées de grottes, m'écrasaient. J'avais l'impression d'être au cœur des entrailles de la terre.

Et j'ai pensé, comme ceux qui avaient entouré Jean Baptiste et entraient dans le Jourdain pour laver leurs fautes, que Jean était la première figure du Messie.

Mais Jean Baptiste avait déjà répondu :

« Je ne suis point le Christ. »

Et son père Zacharie l'avait dit :

« Jean apprêterait le chemin du Seigneur, il rendrait droites ses chaussées. »

Et à ceux qui paraissaient ne pas comprendre sa réponse, Jean ajoutait :

« Moi je vous immerge dans l'eau mais il en vient un plus fort que moi et je ne suis pas digne de délier la lanière de ses sandales. Lui vous immergera dans l'Esprit saint et le feu. Il a la pelle en main pour nettoyer son aire et ramasser le blé dans sa grange, et il brûlera la balle de paille au feu inextinguible. »

Mais on le harcelait encore, et sans doute aurais-je été, si je m'étais trouvé près de lui, l'un de ceux qui auraient à nouveau lancé :

« Êtes-vous le Prophète ?

— Je ne suis point le Christ.

— Qui êtes-vous donc ?

— Je suis la voix de celui qui crie dans le désert. »

Marc avait répété cette phrase et je savais donc que Jean attendait la venue de celui que Marie avait porté en elle, quand elle s'était rendue à la grande maison d'Aïn-Karim afin d'y rencontrer Élisabeth grosse de Jean.

Et maintenant, le fils de Marie, comme Jean le Baptiste, était un homme jeune, dont personne encore, à l'exception de ceux que le messager du Seigneur avait éclairés, ne savait qu'il était Jésus, Christ, fils de Dieu.

QUATRIÈME PARTIE

« Au principe était la parole,
la parole était chez Dieu
et la parole était Dieu…

Oui, la parole s'est faite chair,
elle s'est abritée parmi nous
et nous avons contemplé sa gloire,
gloire qu'il tient de son père
comme fils unique plein de grâce
et de vérité. »

Évangile selon saint Jean, I, 1-14

17.

J'ai vécu longtemps sur les rives du Jourdain, assis sur le sable gris ou allongé entre les roseaux.

Je ne peux dire le nombre de jours et de nuits qui se sont succédé, car mon corps était devenu un tronc sec qui n'avait plus besoin de sommeil.

Je ne fermais jamais les yeux.

Mon regard se perdait dans le mystère du ciel nocturne. Et mes yeux suivaient les caravanes qui traversaient le gué de Béthabara à l'aube pour échapper à la lumière brûlante du jour.

Elles venaient de Galilée ou de Judée, et se rendaient en Égypte et d'autres en revenaient.

J'imaginais que cette jeune femme à califourchon sur un âne, et serrant contre elle un enfant, aurait pu être, dans un temps d'avant, quand je n'étais qu'un centurion combattant en Germanie ou en Asie, Marie, la mère vierge de Jésus. Et l'homme qui marchait tirant sur le licol de l'âne était Joseph, le charpentier, et cependant appartenant comme Marie à la lignée du roi David.

Il fuyait en Égypte, puisque le roi Hérode le Grand avait donné l'ordre d'égorger tous les nouveau-nés mâles de moins de deux ans, nés à Bethléem, parce que, avait-il appris, parmi eux se trouvait un des descendants de David, qui, à l'âge d'homme, deviendrait le roi des Juifs.

Un ange, un messager du Seigneur, avait averti Joseph, et celui-ci avait réveillé Marie qui avait pris l'enfant, quelques vêtements et deux couvertures. Joseph l'avait aidée à s'installer sur l'âne avec son fils d'à peine quelques semaines, et ils s'étaient joints à cette caravane, qui passait devant moi, traversant le Jourdain au gué de Béthabara.

Je n'imaginais pas Marie et Joseph et son enfant ; je les voyais.

Il me semblait que j'avais été l'un des témoins de cette vie de Jésus que Marc et les six pèlerins m'avaient racontée. Et d'autres avant eux, Jean, Matthieu, avaient déjà pour moi dévidé le fil, et maintenant, assis sur le sable gris ou allongé entre les roseaux, je les tressais de nouveau.

Parfois je me levais, je faisais quelques pas dans l'eau glacée.

Je m'agenouillais près d'une pierre plate et d'un mouvement rapide, j'emprisonnais sous ma paume une sauterelle que je portais à ma bouche, écrasant son corps entre mes dents. Puis je cherchais, au creux d'une branche, sous l'écorce, un peu de miel sauvage.

Ivre de tant de débauche, repu et même nauséeux, je retournais m'asseoir sur la rive, et je voyais Joseph et Marie.

Je suivais le courant de leur vie, mes yeux et ma pensée emportés par l'eau bruissante du Jourdain.

« *Cet homme était vraiment fils de Dieu.* »

J'étais avec Joseph qui avait accueilli dans sa masure de Nazareth sa fiancée de quinze ans, Marie, qu'il n'avait jamais effleurée et qui revenait de la maison d'Élisabeth et de Zacharie à Aïn-Karim.

Et Joseph avait été saisi car Marie avait le ventre gros d'un enfant de six mois.

Je comprenais sa gêne et son désarroi. Il était déjà un vieil homme sage et généreux. Il voulait rompre ses fiançailles, mais sans faire de reproches à Marie, sans la chasser, simplement en se séparant d'elle. Elle pourrait peut-être retourner en Judée, chez sa cousine la stérile Élisabeth qui, elle aussi, malgré son grand âge était enceinte d'un fils dont elle savait qu'il se prénommerait Jean.

La décision de Joseph était prise, mais il tardait à l'annoncer à Marie, tant celle-ci paraissant pure, innocente comme une vierge, respectueuse des coutumes et des règles, et cependant son corps alourdi révélait sa faute.

Joseph ne voulait ainsi ni la punir ni la garder comme fiancée bientôt mère d'un enfant qu'il n'aurait pas engendré.

Combien d'enfants étaient nés de femmes que j'avais renversées au soir d'une bataille victorieuse, quand il me suffisait de choisir dans le troupeau des vaincus qu'on destinait à l'esclavage ?

Je n'avais jamais songé à cela, et tout à coup, pensant à Joseph, à Jean le Baptiste fils d'Élisabeth, à Jésus fils de Marie, je mesurais mes péchés : j'avais engendré la vie, sans même avoir conscience qu'un être humain allait naître de ma jouissance, bue comme une rasade de vin.

Et ces enfants, qu'étaient-ils devenus ?

Comment aurais-je pu fermer les yeux alors que les mystères m'enveloppaient, étaient en moi ?

Une nuit alors que Joseph avait décidé d'annoncer à Marie qu'il voulait rompre avec elle, un messager de Dieu était apparu et avait dit :

« Joseph fils de David, ne crains pas de prendre Marie avec toi, comme ton épouse, car ce qu'elle a conçu est de l'Esprit saint. Elle enfantera un fils et tu l'appelleras Jésus, car il sauvera son peuple de ses péchés. »

Et Joseph l'avait prise avec lui et ne la connut pas jusqu'à ce qu'elle enfante un fils et il l'appela Jésus.

18.

J'ai quitté Béthabara au creux le plus profond de l'hiver. La nuit était si froide que les pierres éclataient avec le bruit sec que font les branches mortes quand on les brise. Le ciel limpide ressemblait à un miroir où se reflétaient les yeux brillants de cette multitude d'hommes, de femmes, d'enfants qui peuplent la terre.

Et je me souvenais de ce jour d'hiver, où César Auguste avait publié un édit pour le recensement de toute la terre, de tous les humains vivant dans son empire.

Chacun des sujets de l'empereur devait se faire recenser dans la ville dont sa lignée était originaire.

Et c'est pourquoi Joseph le charpentier de Nazareth quitta ce village de Galilée avec Marie la vierge enceinte, pour gagner, à huit jours de marche de là, Bethléem, en Judée, qui était la ville du roi David, et Joseph et Marie étaient de sa descendance.

J'ai gravi le chemin qui en pente raide mène du fond de la plaine où coule le Jourdain jusqu'aux bourgades de Jéricho et de Béthanie, nichées sur le plateau.

C'était la route que j'avais déjà parcourue pour me rendre d'Aïn-Karim à Béthabara.

Cependant je n'étais plus le corpulent centurion de Rome, mais un homme frêle qui n'était qu'os et peau tannée.

Et souvent il me semblait que mon corps se réduisait au regard et à la mémoire.

Et puis je butais contre une pierre, comme si Celui qui voit et qui sait avait voulu me dire que j'étais de chair et d'os. Et la douleur à la cheville ou au genou me rappelait que j'avais un corps.

C'est ainsi en boitant que j'ai découvert, bâtie au flanc d'une haute colline dans un écrin d'oliviers et d'arbres fruitiers que l'hiver avait dépouillé, Bethléem.

J'ai eu l'impression, tant Marc et ses compagnons me l'avaient décrite avec précision, que j'en connaissais toutes les ruelles.

Là était l'auberge toujours remplie de marchands, d'hommes et de femmes qui faisaient une halte avant d'atteindre Jérusalem.

Et quand Joseph s'est présenté avec Marie si grosse que l'on devinait qu'elle accoucherait avant la fin de la nuit, toutes les places étaient occupées.

Il fallait donc trouver un abri pour accueillir la mère et l'enfant, et ce fut cette grotte, à quelque trois cents pas de Bethléem, devant laquelle j'ai reconnu Marc et ses compagnons, Matthieu et Jean, venus honorer le souvenir de Jésus né là, dans cette cavité, à flanc de montagne.

« Cet homme était vraiment fils de Dieu. »

Et moi j'ai vu le caveau, une grotte aussi dans laquelle, après la crucifixion, son cadavre d'homme sera déposé, au flanc du Golgotha.

Ici c'est sa naissance qu'on célèbre. Et je suis entré dans cette grotte de douze pas de long, de quatre de large, de trois de haut.

Je vois la mangeoire – la crèche – dans laquelle Marie après avoir accouché de Jésus son fils premier-né, l'a déposé enveloppé de langes.

Marc m'a dit qu'après la naissance de Jean le Baptiste à Aïn-Karim à moins d'un demi-jour de marche de Bethléem, ce Jean qui n'était pas la lumière mais le témoin de la lumière, la venue de Jésus dans cette grotte apportait la lumière véritable qui illumine tout homme.

Ni Marc ni aucun de ses compagnons n'avaient assisté à cette naissance, mais ils avaient recueilli les témoignages des bergers qui faisaient paître leurs troupeaux sur les flancs de ces collines, non loin de la grotte.

Ils les gardaient la nuit, allongés au milieu des moutons et tout à coup, avaient-ils raconté, le ciel s'était illuminé, et des anges leur avaient dit :

« Dans la ville de David, ici à Bethléem, un sauveur vient de naître qui sera le Messie. Vous le reconnaîtrez à ce signe, c'est un nouveau-né enveloppé de langes qui gît dans une mangeoire. »

Les bergers trouvèrent la grotte. Ils virent l'enfant dans la crèche. Un âne et un bœuf chauffaient la grotte de leur haleine. Et Marc me répétait ce que ces bergers avaient ajouté :

« Ce n'est pas entre l'or et l'argent que vint au monde le Seigneur, mais dans la boue. »

Puis ils se dispersèrent dans les champs avec leurs troupeaux, allant annoncer partout la bonne nouvelle.

Je n'ai pas suivi Marc et ses six compagnons ni Jean et Matthieu qui, à l'aube, ont quitté Bethléem pour se rendre à Jérusalem, en dépit de l'interdiction qui leur avait été faite de retourner dans la Ville sainte, et des menaces que les gardes du sanhédrin avaient proférées.

« Dieu décidera de ce qui doit advenir, m'avait répondu Marc. Et s'Il le veut, Il nous enverra l'un de Ses messagers qui portera Sa parole. »

Cela s'était produit lorsque Joseph, Marie et Jésus avaient gagné Jérusalem pour offrir au Temple en sacrifice deux tourterelles.

Un vieil homme pieux, Siméon, et une vieille femme, Anne, avaient l'un et l'autre reconnu, dans l'enfant que sa mère présentait au Temple, le Messie.

Siméon s'était adressé à Marie, montrant l'enfant et le bénissant :

« Il est là pour la chute et le relèvement de beaucoup en Israël, et peut-être un signe de contradiction. »

Puis Siméon s'était reculé, avait tendu le bras, effleuré l'épaule de Marie.

« Et toi, un glaive te passera au travers de l'âme, mais ainsi ce qui se cache au fond des cœurs sera révélé. »

Mystère dans le mystère.

« Cet homme était vraiment fils de Dieu. »

Dieu annonce la douleur qui percera Marie lorsque je donnerai l'ordre de clouer le Christ sur la croix.

Mystère dans le mystère.

Jésus naît dans la boue d'une grotte étroite qui sert d'étable, et trois Mages, avertis par les signes qui annoncent la naissance du Messie, traversent le désert pour se rendre auprès du nouveau-né.

Ils se nomment Melchior, Gaspard et Balthazar, et sont guidés par une étoile, qui brille au-dessus de l'enfant.

Matthieu puis Marc m'ont dit :

« Les Mages virent l'enfant avec Marie sa mère. Ils tombèrent prosternés devant lui et, ouvrant leurs trésors ils lui présentèrent en offrande de l'or, de l'encens et de la myrrhe. »

Mystère dans le mystère.

Le roi Hérode attend de ces Mages, qu'il a reçus, qu'ils lui révèlent le lieu où se trouve cet enfant dont l'avenir menace son pouvoir.

Mais les Mages avertis par un messager de Dieu s'éloignent sans renseigner Hérode, et celui-ci décide de faire égorger tous les garçons de Bethléem, âgés de moins de deux ans.

Moi, Flavius le centurion, j'ai tant vu perpétrer de massacres, et tranché moi-même tant de gorges et percé tant de poitrines, que je peux imaginer ce *Massacre des Innocents* qui est mystère dans le mystère, car Joseph en a été prévenu :

« Lève-toi, lui a dit le messager, prends l'enfant et sa mère, fuis en Égypte et restes-y jusqu'à ce que je te parle, car Hérode va chercher l'enfant pour le tuer. »

Les soldats d'Hérode égorgèrent les nouveau-nés innocents de Bethléem, mais Joseph, Marie et Jésus franchissent le Jourdain au gué de Béthabara, Marie tenant son fils serré contre elle, et Joseph tirant sur le licol de l'âne qui porte son épouse et Jésus.

Et c'est comme si je les avais vus passer, puis revenir d'Égypte lorsque Joseph fut averti de la mort d'Hérode le Cruel.

Ils ont regagné la Galilée et l'enfant est devenu celui que, plus tard, le procurateur Pilate appela Jésus de Nazareth.

Dieu qui l'avait sauvé du glaive des massacreurs aux ordres d'Hérode voulut ainsi qu'il connût le sort du plus abandonné des hommes.

Ce n'est plus pour moi un mystère.

Il fallait que l'homme sache ce qu'il était capable d'infliger à un autre homme. Et qu'il éprouve la souffrance de l'Innocent crucifié. Alors même que cet homme était Dieu, il fallait que l'Immortel mourût pour renaître.

19.

J'ai marché jusqu'à Nazareth.

J'ai voulu connaître chaque pierre des ruelles de son village.

J'ai imaginé qu'il était l'un de ces enfants qui s'égaillaient, courant jusqu'aux dernières maisons creusées dans les falaises calcaires.

L'une de ces demeures enfouies était celle de Joseph et de Marie, celle où Jésus avait grandi.

Je me suis approché, j'ai soulevé le rideau de fils rouges et bleus qui fermait la porte.

La maison ne comportait qu'une pièce étroite, basse de plafond. Dans l'un des angles deux femmes étaient accroupies et soufflaient sur les braises.

Ce devait être ainsi au temps où il était enfant.

Marie sa mère accueillait sa sœur Marie. Cette dernière venait avec ses enfants, les cousins de Jésus, Jacques, Joseph, Jude et Simon. Et parfois l'oncle de Jésus, le frère de Joseph, Cléophas accompagnait sa femme Marie.

Les deux femmes m'ont offert un morceau de pain et une écuelle remplie à ras bord de lait caillé, aigre et frais.

J'ai mangé et j'ai été rassasié après la première bouchée et la première gorgée.

Puis je me suis retiré, rejoignant le centre du village.

J'ai croisé des paysans écrasés sous le poids des gerbes qu'ils portaient.

J'ai entendu le forgeron marteler le fer, et le charpentier polir les planches.

J'ai vu le mendiant et l'aveugle, tout ce peuple des humbles que Jésus avait côtoyé durant toute son enfance.

Il s'était penché sur les paniers ronds des pêcheurs qui arrivaient du lac de Génésareth, qu'on appelait aussi le lac de Tibériade. Il avait effleuré les écailles brillantes des longs poissons aux yeux exorbités.

Il s'était rendu à la synagogue où il avait appris à commenter les écrits des prophètes.

Il attendait avec impatience la semaine de Pâque, quand Joseph et Marie partaient avec lui pour Jérusalem, afin de prier au Temple.

Et Matthieu, Marc ou plus tard Luc en me faisant le récit de l'enfance de ce Christ dont ils étaient les disciples, m'avaient dit :

« L'enfant croissait, se fortifiait, se remplissant de sagesse et la grâce de Dieu était sur lui. »

Jésus a douze ans.

Il est assis sous les portiques du Temple de Jérusalem. Il écoute les rabbins qui enseignent aux fidèles. Il les interroge. Il répond à leurs questions.

On s'extasie sur son intelligence et ses réponses.

« Cet homme était vraiment fils de Dieu. »

Il en oublie son père et sa mère, Joseph et Marie qui ont quitté Jérusalem, persuadés que leur fils fait partie de la caravane qui a pris la route de Nazareth.

Ils le cherchent. Marie s'affole. Elle retourne avec Joseph à Jérusalem. Ses lèvres tremblent, l'émotion rougit son visage quand elle voit Jésus, sous les portiques.

« Enfant, dit Marie, pourquoi nous as-tu fait cela ? Voilà que ton père et moi nous nous rongeons à te chercher depuis trois jours. »

Il dévisage Joseph et Marie. Il parle avec assurance, semblant ne pas deviner ce qu'ont éprouvé ses parents.

« Pourquoi me cherchiez-vous, demande-t-il. Ne saviez-vous pas que je dois être aux affaires de mon père ? »

Joseph et Marie échangent un regard.

Ils ne se souviennent pas des messagers de Dieu venus leur annoncer que l'Esprit saint avait choisi Marie comme mère du Messie.

Ils ne comprennent pas ce que leur dit Jésus.

Ils sont seulement un père et une mère qui découvrent que le bourgeon est devenu fruit, que l'enfant commence déjà à conduire seul sa vie.

Le temps a donc coulé si vite ?

Mystère.

C'était hier, leur semble-t-il, que Marie déposait le nouveau-né dans la mangeoire, cette crèche dans la grotte de Bethléem.

Ils repartent vers Nazareth et leur fils, redevenu un enfant soumis, marche entre eux.

Puis les jours s'accumulent.
Joseph meurt.
Jésus est un homme de trente ans.
Un nouveau procurateur romain, Pontius Pilatus, débarque à Joppé, et gagne Jérusalem.
Et je l'accueille à la forteresse Antonia.
Il me paraît las, distrait, mécontent d'avoir été nommé par l'empereur Tibère dans cette province souvent rebelle.
Il se méfie d'Hérode Antipas, tétrarque de Galilée. Ce fils d'Hérode le Grand, le massacreur des Innocents, vient de répudier sa femme légitime, de ravir à son frère la belle Hérodiade. Cela fait scandale. Et l'on apprend qu'Hérode Antipas trouve aussi à son goût la fille d'Hérodiade, Salomé.

Je dis pourtant au procurateur Ponce Pilate que la Judée, la Galilée et la Samarie sont calmes.
Les soldats de Rome, déterminés et aguerris, tiennent le pays.
Pilate me charge d'arrêter les disciples d'un Juif qui se proclame Maître de Justice. Ils vivent dans des grottes, à Qumram, non loin du gué de Béthabara. On lui a parlé de ces « esséniens » à Rome où l'on se méfie d'eux.
J'irai donc vider les grottes de Qumram.
Je conduirai les esséniens jusqu'au port de Joppé, afin qu'ils aillent crever comme esclaves dans les mines de Sicile.

« Cet homme était vraiment fils de Dieu. »

En ce temps-là, au gué de Béthabara, Jean, fils de
Zacharie et d'Élisabeth, commençait à baptiser, répétant qu'il n'était pas le Christ mais celui qui préparait
la voie au Messie.

Il clamait cela dans le désert.

Et Jésus quittait Nazareth, se dirigeait vers Jérusalem, et le gué de Béthabara.

« Voilà que le semeur est sorti semer », m'a dit
Marc.

20.

Jésus a quitté Joseph et Marie.

Il a marché seul depuis Nazareth jusqu'au gué de Béthabara.

C'est un homme d'une trentaine d'années que rien d'abord ne distingue dans la foule de ceux qui se pressent sur la rive du Jourdain et psalmodient, attendant d'être baptisés.

Il porte une tunique de lin à manches longues et un large manteau de laine.

Il regarde droit devant lui, alors que tous les autres n'ont d'yeux que pour Jean le Baptiste.

Et celui-ci tend la main à l'un de ces hommes, l'invite ainsi à entrer dans le fleuve pour le baptême. Mais avant de l'immerger Jean le Baptiste répète :

« Moi je vous baptise dans l'eau pour la conversion. Mais celui qui vient derrière moi est plus fort que moi. Je ne suis pas digne de lacer ses sandales. Lui vous baptisera dans l'Esprit saint et dans le feu. »

Jésus paraît ne pas entendre.

Il se rapproche pourtant de Jean le Baptiste, mais sans que son regard se pose sur lui, les yeux fixant le lointain.

102

« Cet homme était vraiment fils de Dieu. »

Et Jean le Baptiste, tout à coup, le voit, s'écrie :

« Voici l'Agneau de Dieu, voici celui qui ôte les péchés du monde. C'est de lui que j'ai dit :

"Un homme vient après moi qui me dépasse et moi je ne le connaissais pas, mais c'est afin qu'il se manifeste que je suis venu baptiser dans l'eau." »

Jésus s'approche, s'apprête à entrer dans le fleuve.

Jean Baptiste tend les bras pour l'empêcher d'avancer.

« C'est moi, dit-il, qui dois être baptisé par toi et tu viens à moi. »

Jean s'agenouille dans l'eau du Jourdain.

Et Jésus répond :

« Laisse faire maintenant car il convient que nous accomplissions ainsi ce qui est juste. »

Jean se redresse, lui tend la main.

Jésus entre dans l'eau, est immergé puis regagne la rive.

Il a obtenu ce qu'il désirait. Être baptisé comme le plus humble des hommes.

J'ai moi aussi, comme Lui, quitté Nazareth et j'ai marché, comme Lui, jusqu'au gué de Béthabara.

Mais la foule n'est plus là.

Il suffit cependant que je ferme les yeux pour que je l'imagine. Je la vois.

Les hommes s'écartent et Jésus, dont les vêtements ruissellent de l'eau du Jourdain, la traverse, puis s'immobilise, se tourne, regarde Jean Baptiste qui s'est agenouillé dans le fleuve. Et tout à coup – Marc, Matthieu, Luc, Jean me l'ont dit – les cieux se sont fendus au-dessus de Jésus.

Une colombe a surgi, et s'est posée sur l'épaule de Celui qui n'était plus un homme quelconque, mais le Christ que l'Esprit saint venait de désigner.

Et une voix a résonné, venue elle aussi des cieux ouverts, et elle a dit :

« Celui-ci est mon fils, l'aimé dont je suis content. »

J'entends cette voix. Je rouvre les yeux. Les rives du Jourdain sont désertes. Une caravane passe lentement, et il faut tirer sur le licol des ânes pour qu'ils entrent dans l'eau.

Jean Baptiste n'est plus.

Il s'était rendu à Tibériade, afin d'admonester Hérode Antipas. Pointant son doigt en direction d'Hérodiade il avait lancé, devant toute la cour du tétrarque :

« Il ne t'est pas permis de l'avoir pour femme. »

Hérodiade était la petite-fille d'Hérode le Grand, ce massacreur.

Elle avait épousé alors qu'elle n'était encore qu'une enfant, son oncle Hérode Philippe, et c'est à celui-ci qu'Hérode Antipas venait de la prendre.

Et il y avait Salomé, la jeune fille d'Hérodiade, dont Hérode Antipas était aussi épris.

Il fit emprisonner Jean Baptiste, qui douta de ce qu'il avait vu et entendu au gué de Béthabara.

Cet homme qu'il avait appelé le Christ, l'Agneau de Dieu, l'était-il vraiment ?

Peu après, Hérode Antipas, voulant séduire Salomé, promit à la jeune fille de lui donner tout ce qu'elle demanderait.

« *Cet homme était vraiment fils de Dieu.* »

« Donne-moi ici, dit-elle, sur un plateau, la tête de Jean Baptiste. »

Et Salomé, liane lascive, se plie, se courbe, virevolte, bondit, autour d'Hérode Antipas, lui faisant perdre toute raison.

Il envoie décapiter Jean dans sa prison.

Et la tête du précurseur du Christ fut apportée sur un plat à Salomé qui l'offrit à sa mère.

Les disciples de Jean s'approchèrent, enlevèrent son cadavre et l'ensevelirent, puis ils vinrent informer Jésus.

Jean Baptiste est mort.

La foule a abandonné les rives du Jourdain.

Le Christ crucifié, mort, mis au tombeau, a ressuscité.

Je m'éloigne.

Je marche vers le mont Quarantal, ce désert de roches tranchantes où le Christ, m'ont dit Matthieu et Marc, s'est recueilli, après son baptême, et la venue de la colombe.

Au rythme lent de mes pas, j'entends la voix de Jean Baptiste. Je répète avec elle :

« Voici l'Agneau de Dieu, voici celui qui ôte les péchés du monde. »

21.

J'ai gravi, harcelé de questions, le mont Quarantal.

Pourquoi Jésus, que Jean Baptiste avait reconnu et baptisé, avait-il choisi de fuir les hommes, en s'enfermant quarante jours et quarante nuits dans ce désert fait d'un amoncellement de rochers crayeux ?

Que cherchait-il dans ce chaos ?

Ses apôtres, Marc, Matthieu, Luc, m'avaient dit que c'était la dernière épreuve à laquelle Jésus devait se soumettre, avant de partir à la rencontre des hommes, afin de les éclairer.

Mais qu'avait-il besoin de cette souffrance ?

Car ce désert était hostile.

Je n'y ai aperçu ni arbre, ni homme, ni masure où s'abriter. Je n'y ai entendu aucune voix, mais seulement les hurlements des chacals et du vent.

Et des rapaces, des charognards, décrivaient de grands cercles au-dessus de moi.

Je les reconnaissais pour les avoir si souvent vus s'abattre comme des créatures maléfiques sur les champs de bataille, où les soldats achevaient de mourir. Et ils se perchaient sur les croix pour picorer les yeux des suppliciés.

Jésus voulait donc déjà rencontrer sa mort ?

Il avait jeûné durant quarante jours et quarante nuits. Puis il avait eu faim.

Et c'est alors qu'était apparu celui que les disciples du Christ ont appelé Satan ou le diable.

Et je n'avais pas compris qui était cette divinité menaçante. Elle avait défié le Christ, comme si elle avait eu le pouvoir de le vaincre. Alors que le Christ était habité par l'Esprit saint.

La colombe, au bord du Jourdain, ne s'était-elle pas posée sur son épaule ?

Cette faiblesse du Christ était pour moi un nouveau mystère.

Ce diable, ce Satan, avait enveloppé le Christ de ses tentations qui étaient comme autant de voiles parfumés, comme des figures de danse d'une jeune fille lascive.

Il avait dit :

« Tu as faim ? Tu es le fils de Dieu ? Commande que ces pierres deviennent des pains, des corps de femmes, et tout ce que la chair peut désirer. »

Et Jésus avait répondu :

« L'homme ne vit pas seulement de pain. »

Puis Satan était apparu casqué, le corps serré dans une cuirasse d'or. Il avait brandi le glaive et dit :

« Je suis dépositaire de la puissance et de la gloire. Je les livre à qui je veux. Prosterne-toi devant moi et elles sont à toi. »

Et Jésus avait répondu :

« Tu adoreras le Seigneur ton Dieu, et tu le serviras lui seul. »

Satan est revenu une dernière fois.

Les disciples du Christ m'ont raconté qu'il avait entraîné Jésus au sommet d'une tour d'angle qui, à Jérusalem, surplombe le ravin du Cédron. On l'appelle le pinacle du Temple.

« Si tu es fils de Dieu, jette-toi d'ici en bas, avait dit Satan. Car il est écrit que Dieu a donné pour toi des ordres à ses anges. Ils te porteront dans leurs mains de peur que ton pied ne heurte la pierre ! »

Et Jésus avait répondu :

« Il est aussi écrit, tu ne tenteras point le Seigneur ton Dieu. »

J'ai su au septième jour passé sur le mont Quarantal que je pouvais rejoindre les hommes, sortir du désert.

En suivant, en essayant de partager un peu de la vie de Jésus, j'avais appris à voir la mienne.

J'avais tout au long de mon existence cédé à toutes les tentations.

J'avais bu et mangé jusqu'à l'ivresse et au dégoût, jusqu'à vomir ce que j'avais englouti avec voracité.

J'avais joui de la puissance et de la gloire, éprouvant un intense plaisir à commander, à défiler les jours de triomphe.

Et j'avais aimé tuer l'ennemi.

Ma vie avait été une suite de soumissions à Satan.

« Cet homme était vraiment fils de Dieu. »

La nature de cette divinité maléfique demeurait un mystère, mais j'avais appris sur le mont Quarantal que le mal existait, qu'il rôdait autour des hommes comme un chacal, prêt à bondir, comme un charognard prêt à fondre.

Homme, livré à Satan, j'avais vécu tel un cadavre. Jésus de Nazareth crucifié, ressuscité, me faisait enfin espérer vivre comme un humain. Et le vouloir.

Tout homme, un jour, devait gravir le mont Quarantal.

Et c'est pourquoi le Christ s'y était enfermé quarante jours et quarante nuits.

Homme, il devait affronter Satan, être tenté de succomber à la tentation.

Et y résister.

Le Christ avait la faiblesse d'un homme et la force de Dieu.

Là était le mystère des mystères.

LIVRE II

« Je suis la résurrection et la vie.
Qui se fie à moi, fût-il mort, vivra. »

Jésus à Marthe, sœur de Lazare
Évangile selon saint Jean, XI, 25

PREMIÈRE PARTIE

« Oui, oui, je vous le dis,
vous verrez le ciel ouvert
et les anges de Dieu
monter et descendre
au-dessus du fils de l'homme. »

Évangile selon saint Jean, I, 51

22.

Jésus s'avance lentement vers la foule qui se presse sur la rive du Jourdain, au gué de Béthabara.

Il est quatre heures de l'après-midi. La chaleur en ce mois de renaissance des blés est déjà accablante. Une brume épaisse recouvre le fleuve comme l'haleine grise de l'eau.

Jésus se retourne, regarde un instant cette montagne des tentations, le mont Quarantal, ce désert chaotique, où il a vécu, jeûné quarante jours et quarante nuits.

Il n'a pas tremblé en entendant les aboiements des chacals.

Il a défié les bêtes sauvages, les aigles et les charognards.

Il a résisté à Satan.

Il est devenu.

Il sait qu'il est un homme qu'un souffle porte et dirige. En lui une voix parle, envahit sa poitrine, sa bouche, franchit ses lèvres.

Elle lui a parlé alors qu'il descendait, presque en courant, les pentes du mont Quarantal.

Elle répétait qu'il devait aller vers les hommes, leur dire ce qu'il avait appris ; qu'on peut vaincre les tentations du diable et que chaque homme, s'il le veut, peut terrasser le mal, renaître.

Il va le prêcher à ces hommes qui entrent dans le fleuve, qui attendent que Jean Baptiste les immerge, les ouvre à Dieu.

Jésus s'approche d'eux.

C'est lui, il en a la certitude – et cette voix en lui le scande –, qui doit enlever le péché du monde.

Il le sait.

Le jeûne dans le désert, le refus de céder aux tentations l'ont aguerri.

Il est homme pour accomplir cette tâche qui dépasse l'homme.

Il marche d'un pas décidé vers Jean Baptiste qu'entourent quelques disciples.

Il ne s'arrête pas. Il devine que Jean Baptiste l'a reconnu. Il le fixe et c'est comme s'il pénétrait en lui.

Il a l'étrange sensation qu'il enveloppe les hommes de sa pensée, que son souffle et sa voix les entraînent, qu'il est parmi eux, semblable à eux, et en même temps celui qui est leur maître, le plus humble d'entre eux, mais l'unique à pouvoir saisir les mouvements de leur âme.

Il est celui qui sait tout d'eux.

Il n'a pas besoin de se retourner, d'entendre, pour savoir que Jean Baptiste le désigne, murmure : « Voici l'Agneau de Dieu. »

« Je suis la résurrection et la vie. »

Jésus continue de marcher, et deux des hommes qui étaient aux côtés de Jean Baptiste le rejoignent, haletants d'avoir pressé le pas.

Il ne les regarde pas, cependant qu'ils donnent leurs noms.

L'un est André et l'autre Jean. Ils sont pêcheurs à Bethsaïde, un village proche de la cité de Capharnaüm, sur le lac de Tibériade, en Galilée.

Jésus, d'un mouvement lent de la tête, les dévisage l'un après l'autre.

Il sent que son souffle les courbe, que son regard les pénètre.

Il est en eux.

« Que cherchez-vous ? leur demande-t-il.

— Rabbi, maître, où demeures-tu ?

— Venez, vous verrez. »

Il ne se soucie pas d'eux.

Ces hommes sont à lui comme le poisson qui est entré dans le filet est au pêcheur.

Il n'est pas surpris quand André, qui s'est éloigné, revient avec un homme vigoureux, son frère Simon. Et il suffit d'un regard, de quelques mots, pour que celui-ci aussi entre dans le filet, devienne l'un de ceux qui donneront écho de la voix que Jésus sent si puissante en lui.

« Tu es Simon, fils de Jean, frère d'André, tu t'appelleras Képhas », dit-il.

Képhas : le roc, la pierre. Il sera Simon-Pierre, Pierre.

Ils sont assis autour de lui, et il suffit qu'il les fixe pour qu'ils parlent, ces trois hommes qui vont être ses apôtres, les échos de sa voix.

Il les écoute avec attention mais il n'ignore rien d'eux.

Ils sont de Galilée.

Jean, le plus jeune, dit qu'il a un frère, Jacques, et que tous deux sont fils de Zébédée, qui possède plusieurs barques de pêche à Bethsaïde. Jésus se lève.

Il est de Nazareth, Galiléen comme ses premiers apôtres. Allons en Galilée.

Ils prennent la route qui longe le Jourdain et se dirige vers le nord, en traversant les villes d'Archelaïs et de Scythopolis.

Jésus ne parle pas. Il semble ne pas voir cette foule de pèlerins et de marchands, de femmes aux regards équivoques qui parcourt cette route ou se rassemble sur les places de ces villes corrompues.

Il a l'impression d'être l'étrave d'une barque qui fend la houle.

Le souffle enfle les voiles, un courant le porte.

Et quand après quatre jours de marche, ils arrivent au bord du lac de Tibériade, au lieu de prendre la route de l'est qui conduit à Nazareth, il choisit d'aller avec André, Jean et Simon-Pierre vers leur village de Bethsaïde, au bord du lac de Tibériade.

Un regard, un mot suffisent pour que cet homme, Philippe, qui s'est avancé vers André, Jean et Simon-Pierre, soit pris à son tour.

« Suis-moi », dit Jésus.

Et Philippe exulte, crie dans les ruelles de Bethsaïde :

« Je suis la résurrection et la vie. »

« Nous avons trouvé celui dont parlent la loi de Moïse et les prophètes ; c'est Jésus, fils de Joseph, de Nazareth. »

Jésus entend. C'est l'écho de la voix qui ainsi s'amplifie.

Il aperçoit un homme assis sous un figuier, cet arbre du savoir, Philippe lui parle et l'homme hésite, doit dire qu'on ne peut rien attendre d'un natif de Nazareth, ce hameau de paysans et de bergers où jamais aucun maître n'a vécu.

« Viens, tu verras », lui répond Philippe.

Et l'homme s'approche, Philippe dit qu'il se nomme Nathanaël.

Jésus le dévisage, s'enfonce en lui, laisse le souffle et la voix le saisir.

Nathanaël ne baisse pas les yeux.

« Voilà un vrai israélite, dit Jésus, en qui il n'y a pas de ruse.

— D'où me connais-tu ?

— Avant que Philippe t'appelle, je t'ai vu sous le figuier. »

Nathanaël saisit la main de Jésus.

— Rabbi, dit-il, tu es le fils de Dieu, le roi d'Israël. »

Jésus retire sa main.

Il ne cédera pas à la tentation que Nathanaël, innocemment, déploie.

Il ne veut pas, pas encore, être plus qu'un homme qui sait. Il ne veut pas aller au-delà.

« Parce que je t'ai dit que je te voyais sous le figuier, tu as foi, tu as cru, dit-il. Mais tu verras de plus grandes choses que celle-là. »

23.

Jésus est assis sur le rivage du lac de Tibériade, les bras croisés, le dos appuyé à l'une des barques des pêcheurs de Bethsaïde.

Il regarde André et Simon-Pierre qui s'affairent, préparant leurs filets.

Les deux frères ne savent pas encore qu'avoir choisi de le suivre, c'est renoncer à ce qu'était leur vie.

Jésus détourne la tête. Il ne veut pas que son regard les appelle, leur ordonne de l'accompagner à Cana, la petite citée de Galilée, à une demi-journée de marche de Bethsaïde.

Il se lève, il va partir avec Philippe, Nathanaël et Jean, et se rendre avec eux à Cana, à la noce à laquelle il a été convié.

On lui a dit que sa mère serait présente, comme d'autres habitants de Nazareth, son village n'est qu'à deux heures de chemin de Cana.

Il commence à s'éloigner du lac, des palmiers et des figuiers, à échapper ainsi à cette touffeur, qui ensevelit, dès que le soleil est levé, la vallée du Jourdain et le lac de Tibériade.

« Je suis la résurrection et la vie. »

Il marche vite malgré la pente raide. Il a hâte d'atteindre les vignes et les blés, les oliviers qui sont la toison bariolée du plateau.

L'air est vif. Il s'arrête. L'horizon est ouvert. Là devant lui, s'étend jusqu'à la mer la riche Galilée, paisible et fertile.

Il distingue les terrasses des maisons de Cana, et il suffit qu'il tourne un peu la tête pour deviner les falaises blanches, et les pâturages de Nazareth.

Là, avant, était sa vie.

La voix en lui dit qu'elle est morte et qu'il vient de renaître par le baptême, et le jeûne.

Il entre dans la maison. Philippe, Nathanaël et Jean le suivent.

On l'accueille comme le fils de Marie et de Joseph de Nazareth.

On le voit comme celui d'autrefois qui vient avec ses trois amis.

Il s'allonge parmi les convives. C'est le temps joyeux et bruyant du festin de noces.

Il mange et il boit. Il est un homme parmi les hommes. Et la voix lui murmure qu'il n'est pas qu'un homme.

Il se recueille. Il attend le signe.

Voilà sa mère qui s'avance, se fraie un passage entre les convives, se penche vers lui.

« Ils n'ont plus de vin », murmure-t-elle.

Il la fixe. Il ne veut pas comprendre. En lui, une force résiste, comme un doute sur la puissance de ce souffle qui l'habite et peut-être comme la peur de ce premier acte que sa mère lui suggère d'accomplir.

Il dit d'une voix sourde :

« Qu'importe, femme, ce n'est pas encore mon heure. »

Elle paraît ne pas avoir entendu. Elle s'adresse aux serviteurs :

« Faites ce qu'il vous ordonnera. »

Puis elle se retire. Le souffle le soulève. La certitude, la foi que sa mère vient de manifester le poussent.

Il va jusqu'aux six urnes de pierre, contenant chacune deux ou trois mesures.

Les serviteurs l'ont suivi.

« Remplissez d'eau ces urnes », dit-il.

Il les regarde verser l'eau à ras bord.

« Puisez maintenant, reprend-il, et portez-en à votre chef. »

Il les voit plonger les louches dans les urnes puis les retirer. Elles sont pleines de vin qu'ils font goûter au majordome.

Celui-ci s'exclame, fait claquer sa langue, interpelle le marié, maître de la maison.

« On donne d'abord le bon vin et, quand les invités sont ivres, le moins bon, dit-il en riant. Toi tu as gardé le bon jusqu'à présent. »

Jésus se tient debout dans l'ombre.

Il aperçoit parmi les femmes sa mère qui sourit. Elle a foi en lui. Elle est le signe. Elle lui a donné la force d'apparaître tel qu'il est devenu.

Il est l'homme qui peut.

« Je suis la résurrection et la vie. »

Et c'est ici, à Cana, la première fois qu'il a accompli un acte qui le distingue des autres hommes.

Il voit les serviteurs s'approcher et dans leurs yeux il voit la foi en lui.
Et Philippe, Nathanaël et Jean se joignent à eux.
Ils ne parlent pas, ils tendent les mains vers lui.
Ils ont vu.
Ils sont ses apôtres pour toujours.

24.

Jésus marche sans se retourner.

Le buste penché il avance à grandes enjambées sur la route qui, longeant le Jourdain, conduit du lac de Tibériade à Jérusalem. La chaleur est poisseuse. La poussière colle à la peau.

Il entend la respiration haletante des disciples qui l'accompagnent.

Mais il ne peut s'arrêter, s'asseoir à l'ombre d'un palmier, descendre jusqu'à la rive du fleuve, s'humecter les lèvres, la nuque, tremper ses pieds dans l'eau ruisselante et fraîche.

Il faut au contraire marcher de plus en plus vite, pour suivre la cadence imposée par cette voix qui bat dans la poitrine et dans la tête, qui répète :

« Va, va, va. »

Elle a envahi tout le corps. Elle est dans les tempes et dans la gorge. Elle remue ses entrailles. Elle devient sa chair.

Au début, alors qu'il était encore allongé parmi les invités de la noce elle n'a été qu'un murmure qu'il a voulu ignorer. Mais les serviteurs qui avaient vu l'eau et le vin, et ceux auxquels ils avaient raconté, en montrant les six urnes qui semblaient ne jamais devoir se vider, avaient commencé à s'approcher de lui, avides, exigeants et suppliants, provocants et soumis.

« Va, va, va », a dit la voix plus haut.

Jésus s'était levé, avait quitté la noce, en compagnie de Philippe, de Nathanaël et de Jean. Et sa mère s'était jointe à eux.

Quelques hommes les avaient suivis jusqu'aux dernières maisons de Cana et au moment où Jésus s'engageait sur le chemin en pente forte qui descend vers Bethsaïde et Capharnaüm, au bord du lac de Tibériade, l'un d'eux avait lancé :

« Qui es-tu Jésus de Nazareth ? Es-tu le Messie, l'envoyé de Dieu ? »

Il n'avait pas répondu.

« Va, va, va », avait scandé la voix.

Elle n'avait plus cessé, impérieuse, impatiente, alors qu'il s'approchait des barques de pêcheurs, et quand il rencontrait, à Bethsaïde puis à Capharnaüm, André et Simon-Pierre, Zébédée, le père de Jean et de Jacques.

À les voir tirer les filets, hisser les nasses, verser le poisson dans les paniers faits de palmes tressées, rien n'avait changé depuis que Jésus les avait quittés pour se rendre aux noces, à Cana.

Mais l'acte avait été accompli et Jean, et Philippe et Nathanaël commençaient déjà à en faire le récit à André et à Simon-Pierre, à Jacques. La nouvelle allait se répandre et le cœur des hommes tremblerait d'amour ou de haine.

Et les uns suivraient Jésus, et les autres le lapideraient.

Il le savait.

« Va, va, va », avait dit la voix.

C'était le temps de Pâque.

Des milliers de pèlerins, venant de tous les horizons du monde, débarquaient à Joppé, d'autres marchaient depuis la Galilée, l'Égypte, la Syrie ou l'Asie, et tous se dirigeaient vers la Ville sainte, celle du Temple, Jérusalem.

Et Jésus, suivi de ses disciples, s'était mis en route.

« Va, va, va », homme parmi les hommes.

25.

Enfin Jérusalem au loin, comme une espérance.

Jésus presse le pas, devançant ses disciples qui peinent à gravir les collines au sommet desquelles, dans un halo de lumière et de poussière, se dresse la Ville sainte. Et, la dominant, le Temple est un bloc immense. Il semble impénétrable avec ses arêtes vives, ses murs et ses portiques qui surplombent les ravins du Cédron et du Tyropéon.

Tout à coup Jésus s'arrête.

Au pied des murs de la ville, il découvre les campements des pèlerins.

Dans les enclos s'entassent les agneaux, les bœufs promis au sacrifice. Dans des cages entassées les unes sur les autres, des colombes sont destinées à être égorgées.

Des ânes, des mulets sont attachés à des pieux.

Là s'alignent des tentes.

Et il y a cette foule bruyante. Les enfants courent. Les femmes cuisinent.

Des étals sont dressés où l'on vend toutes sortes d'objets, des quartiers de viande, du pain, du vin.

Des tourbillons de poussière s'élèvent, masquant le ciel. Jésus éprouve un instant de colère et de révolte.

« Va, va, va. »

Il longe les murs du Temple, le portique oriental, celui de Salomon que soutiennent cent soixante-huit gigantesques colonnes.

Il pénètre, au sud, sous le portique royal, et il tente de se frayer un passage parmi la foule qui se presse sur le parvis des Nations, des « gentils », ces païens qui essaient d'approcher des étals où l'on vend des animaux, des oiseaux pour le sacrifice, des souvenirs, où l'on change les pièces grecques ou romaines frappées d'images contre des pièces « pures », qui servent à payer aux prêtres le rachat de son âme.

Il approche de ces marchands de farine et de sel, d'huile et d'encens.

Des prêtres vendent des sceaux qui vont permettre d'acquérir sur le parvis même ces animaux, dont les bêlements, les mugissements percent le brouhaha.

Il fait une chaleur accablante, aux relents de sueur et d'excréments.

Il aperçoit le parvis des femmes, celui des Juifs, des prêtres, situés au-dessus du parvis des Nations, et entourant le Saint des Saints.

Mais comment se recueillir dans ce Temple qui est devenu un champ de foire !

Il bouscule ceux qui l'entourent.

« Va, va, va. »

« Je suis la résurrection et la vie. »

Il ramasse des cordes, les noue en un fouet, lève haut la main et commence à frapper, à chasser les vendeurs de bœufs, de brebis, de colombes.

« Va, va, va. »

Il les expulse.

Hommes et animaux hors du Temple !

Il renverse les étals, les tables des changeurs.

Il crie aux vendeurs de colombes :

« Enlevez cela d'ici et ne faites pas de la maison de mon père une maison de trafic, de négoce. »

On n'ose lui résister. On s'écarte, mais on l'interpelle :

« Quel signe nous montres-tu pour agir de la sorte ?

— Défaites ce sanctuaire et dans trois jours je le relèverai. »

Autour de lui, on se moque.

« Va, va, va. »

Il répète sa réponse, avec plus de force encore.

On ricane, on dit :

« Voilà quarante-six ans qu'on construit ce sanctuaire, et toi tu le relèves en trois jours ! »

Il s'éloigne.

Il est plus puissant que le roi Hérode le Grand, bâtisseur du Temple, que les prêtres laissent souiller.

Il lui suffira de trois jours pour naître de nouveau.

Il en porte en lui la certitude.

26.

Jérusalem est ensevelie dans le gouffre profond de la nuit.

Jésus observe l'homme qui s'approche.

Les flammes et les braises des feux qui, dans le campement des pèlerins dansent et rougeoient, éclairent son visage rond, ses vêtements brodés de fils d'or.

Il se penche, murmure qu'il se nomme Nicodème.

Voilà donc ce riche et ce puissant, ce membre du sanhédrin qui a sollicité une rencontre. « La nuit, la nuit », a insisté son messager.

Jésus d'un geste l'invite à s'asseoir en face de lui.

Entre eux le foyer qui crépite.

L'homme a posé ses mains potelées sur ses genoux. On dit de lui que sa fortune est telle qu'il pourrait nourrir dix jours durant tout le peuple d'Israël.

Mais ce n'est qu'un homme qui hésite. Il parle si bas qu'on l'entend à peine. Il regarde souvent autour de lui comme s'il craignait qu'on ne l'écoute.

« Rabbi », commence-t-il.

« Je suis la résurrection et la vie. »

Il s'interrompt, la bouche entrouverte, hésitant à poursuivre, comme surpris et effrayé d'avoir prononcé ce premier mot.

Et Jésus tend la main.

« Va, va, va. »

— Rabbi, reprend Nicodème, nous savons que tu es un maître qui viens de la part de Dieu, car personne ne peut faire les signes que tu fais si Dieu n'est avec lui. »

Cet homme pressent. Il devine mais il a peur de connaître la vérité.

Il faut semer en lui afin qu'un jour il ose clamer ce qu'il a compris.

« Oui, oui, je te le dis, personne, s'il ne naît d'en haut, ne peut voir le règne de Dieu. »

Nicodème secoue la tête.

Il ne veut pas comprendre. Il est un homme pieux, mais il craint que cet ordre précaire du monde dont il est une des pierres maîtresses, chef de sa communauté, ne soit bouleversé par les paroles et les actes de ce rabbi, qui ose.

« Comment un homme peut-il naître une fois vieux ? interroge Nicodème. Peut-il rentrer dans le sein de sa mère et naître ? »

Pauvre homme riche et puissant, mais encore sourd et aveugle.

Il faut l'acculer, le contraindre à voir, lui dire que personne s'il ne naît d'eau et d'esprit ne peut entrer dans le règne des cieux. Car ce qui est né de la chair est chair, ce qui est né de l'esprit est esprit. Nicodème ne comprend pas, ne veut pas entendre.

« Comment cela peut-il se faire ?

— Tu dois naître d'en haut, dit Jésus. Ne t'étonne pas. L'esprit souffle où il veut et tu entends sa voix, mais tu ne sais d'où il vient ni où il va. Ainsi en est-il de quiconque est né de l'esprit. »

Nicodème s'étonne, interroge. Il a la prudence de celui qui craint de s'engager, de perdre ce qu'il possède, et qui pourtant ressent le besoin de vérité.

Jésus se lève.

« Oui, oui, je te le dis, tu es maître en Israël et tu ne le sais pas. »

Il fait quelques pas, revient vers le foyer. Nicodème est resté assis. Il semble accablé, paralysé.

« Nous parlons de ce que nous savons et nous attestons ce que nous avons vu et vous ne recevez pas ce témoignage, poursuit Jésus. Si tu ne crois pas ce que je te dis de terrestre, comment croirais-tu ce que je dirais de céleste ? »

Nicodème maladroitement, en prenant appui sur le sol, se redresse, puis retombe, une masse de chair, lourde et encombrante. Il baisse la tête, comme écrasé par son propre poids.

Jésus contourne le foyer, lui tend la main. Nicodème la saisit, s'y accroche. Et Jésus le hisse. Nicodème balbutie des remerciements.

« Car Dieu, dit Jésus, a aimé le monde jusqu'à lui donner Son fils unique pour que quiconque se fie à lui ne périsse pas, mais reçoive la vie éternelle. »

Il marche aux côtés de Nicodème, évitant les tentes, les corps des pèlerins allongés. Des chiens aboient.

« Je suis la résurrection et la vie. »

L'air est plein de relents âcres de sueur, de nourriture, d'excréments. Et aucune brise ne vient chasser cette haleine fétide.

Jésus s'arrête sur le seuil du portique de Salomon.

Nicodème s'incline.

« Dieu n'a pas envoyé le Fils en ce monde pour juger le monde, reprend Jésus, mais pour que le monde soit sauvé par lui. »

Il pose ses mains sur les épaules de Nicodème qui tressaille. Cet homme est une terre fertile.

27.

Maintenant, Jésus le sait, tous ceux qui craignent sa parole et ses actes sont aux aguets.

Il a reconnu les visages hostiles de ces hommes, gardes du sanhédrin, qui le suivent sur le parvis des Nations, sous les portiques. Ils sont prêts à bondir afin de l'empêcher de renverser à nouveau les tables des changeurs, les étals des marchands, de stigmatiser tous ceux, et parmi ceux-là les prêtres, les membres du Grand Conseil, les riches et les puissants, qui transforment le Temple en maison de négoce.

Mais le temps n'est pas venu de s'opposer à eux. Il faut d'abord semer en Judée, en Samarie, en Galilée, dans toute la Palestine.

Il faut donc quitter Jérusalem.

Sur les chemins de Judée, il laisse ses disciples immerger ceux qui veulent recevoir le baptême. Et chaque jour leur nombre augmente, et les espions du sanhédrin le savent. Ils disent que les disciples de Jésus baptisent plus que Jean Baptiste.

Celui-ci ne semble pas jaloux. Il ne baptise plus dans le Jourdain au gué de Béthabara, mais plus au nord, non loin des sources de Scythopolis, et quand des voyageurs lui ont dit : « Rabbi celui qui était avec toi, à Béthabara et à qui tu as rendu témoignage, voilà qu'il baptise, et tous vont à lui.

— J'ai dit, je ne suis pas le Christ, je suis envoyé devant lui, un homme ne peut avoir que ce qui lui est donné du ciel… Celui qui vient d'en haut est au-dessus de tous. Il doit croître et moi diminuer. »

Jésus écoute. Il n'est pas surpris de ce qu'on lui rapporte. Il faut un précurseur. Jean Baptiste l'est. Et son destin est scellé.

Il s'est rendu auprès d'Hérode Antipas, il a tendu le bras, l'a désigné, condamné.

« Il ne t'est pas permis de prendre la femme de ton frère, Hérodiade », a-t-il dit.

On l'arrête, on le jette dans l'un des cachots de la forteresse de Machéronte, dans ce désert du Moab qui borde la mer Morte.

La voix du précurseur est étouffée, et bientôt sa gorge sera tranchée.

Il faut que Jésus porte, clame la vérité, sème partout le grain de la foi.

Il faut donc s'éloigner plus encore de Jérusalem, des hommes du sanhédrin.

Il faut quitter la Judée, où les espions sont aussi nombreux que les pierres des chemins. Il faut gagner la Galilée, plus paisible.

Et un jour, quand le temps sera venu, nous retrouverons Jérusalem.

Il dit cela en marchant, suivi par ses disciples sur la route qui traverse en son milieu la Samarie.

C'est la contrée des peuples mêlés, des païens qui préfèrent à Dieu leurs idoles. C'est le pays des brigands qui dépouillent les pèlerins. Et il faut quatre jours pour traverser ce pays. Et c'est la route la plus courte pour gagner la Judée. Elle sinue sur les collines du haut pays, et l'on devine à l'est la vallée du Jourdain, et sa route, et à l'ouest la plaine de Saron et la route qui longe la côte méditerranéenne.

Le soir sur les hauteurs souffle une légère brise, alors que la marche sous le soleil brûlant est harassante. On a toujours soif. Mais, disent les rabbins :

« L'eau des Samaritains est plus impure que le sang même du porc. »

Mais à midi, la soif brûle la gorge, la bouche, les lèvres. C'est le deuxième jour de marche, et la fatigue est déjà là.

Jésus s'assied près d'un puits, celui de la source de Jacob. Les disciples s'éloignent vers la cité de Sichem pour y acheter de la nourriture.

Une femme, seule en cette heure brûlante, vient puiser de l'eau.

Elle a des gestes lents mais assurés.

« Donne-moi à boire », dit Jésus.

Elle le regarde avec étonnement, méfiante. Et dans ses yeux Jésus saisit tout de la vie de cette femme.

Elle répond avec vivacité :

« Comment toi qui es juif me demandes-tu à boire à moi qui suis samaritaine ? »

« Je suis la résurrection et la vie. »

Il la dévisage. Il sent la pointe d'insolence dans la voix de cette Samaritaine qui ne cache pas ce qu'elle est et ce qu'elle pense. À cette femme-là, il peut, il doit parler.

« Si tu connaissais le don de Dieu et qui est celui qui te dit : "Donne-moi à boire", c'est toi qui lui aurais demandé et il t'aurait donné de l'eau vive.

— Seigneur, tu n'as rien pour puiser et le puits est profond. D'où as-tu de l'eau vive ? Es-tu plus grand que notre père Jacob qui nous a donné ce puits ? Et il y a bu avec ses fils et son bétail. »

Va, va, va.

« Quiconque boira de cette eau aura encore soif, dit Jésus, mais qui boira de cette eau que je lui donnerai n'aura plus jamais soif et l'eau que je lui donnerai sera en lui une source d'eau qui jaillira en vie éternelle.

— Seigneur, donne-moi cette eau pour que je n'aie plus soif et ne vienne plus puiser ici. »

Il veut que cette femme se dévoile d'elle-même, reconnaisse qu'elle n'a pas de mari, et alors il lui révélera qu'il sait.

« Tu dis bien : je n'ai pas de mari, car tu as eu cinq maris et celui que tu as maintenant n'est pas ton mari, tu dis vrai.

— Seigneur je vois que tu es un prophète. Je sais que vient le Messie, c'est-à-dire le Christ. Quand il sera venu, il nous annoncera tout.

— Je le suis, dit Jésus, moi qui te parle. »

Il n'a jamais dit cela à ses disciples qui reviennent de la cité, et dont il lit dans les yeux l'étonnement de le voir converser avec une femme.

Elle laisse sa cruche près du puits, s'enfuit, court vers la ville, et peu après les habitants arrivent, guidés par elle.

Jésus leur parle et il reste parmi eux durant deux jours. Ils ont foi en sa parole.

À ses disciples qui lui proposent de manger, il montre ces Samaritains qui l'entourent, et il dit :

« Mon aliment est de faire la volonté de Celui qui m'a envoyé et de finir Son œuvre. »

Il entend les Samaritains qui disent à la Samaritaine :

« Ce n'est plus sur tes dires que nous avons foi, car nous l'avons entendu et nous savons qu'il est vraiment le sauveur du monde. »

La voix en lui, de plus en plus puissante, répète : « Va, va, va. »

28.

Il marche enfin sur les chemins de Galilée qu'il a si souvent parcourus dans sa vie d'avant.

Ici tant de saisons se sont écoulées entre son père et sa mère, et pourtant elles lui semblent appartenir à un autre que lui.

Il reconnaît les falaises, les pâturages, les oliveraies et les maisons de Nazareth. Voici la synagogue où enfant il a appris à lire les prophètes.

Il se souvient de ces départs chaque année, à Pâque, pour Jérusalem.

Et comment, sur le parvis du Temple, il avait écouté les prêtres et, au cours de l'un de leurs séjours dans la Ville sainte, répondu à leurs questions. Il en avait oublié ses parents, déjà repartis pour Nazareth. Ils ne l'avaient retrouvé que le troisième jour. Il entend leurs reproches.

« Pourquoi as-tu agi ainsi envers nous, avait interrogé Marie, ton père et moi nous te cherchions tout affligés ? »

Il avait répondu : « Pourquoi me cherchiez-vous ? Ne saviez-vous pas qu'il me faut être aux affaires de mon père ? »

139

Maintenant il est devenu celui auquel dans cette synagogue de Nazareth on donne, le jour du sabbat, le livre du prophète Isaïe pour qu'il se lève et le lise.

Il entend les murmures de l'assistance, et il regarde les visages où le doute s'inscrit :

« N'est-ce pas là le fils du charpentier ? Est-ce que sa mère ne s'appelle pas Marie et ses cousins Jacques, Joseph, Simon, Jude ? »

Il sent l'hostilité croître.

« D'où tient-il donc tout cela ? » demande-t-on.

Ils ne veulent pas l'entendre. Il continue de leur parler, mais ils haussent la voix.

Et il leur répond :

« Un prophète n'est méprisé que dans sa patrie et dans sa maison. Ils refusent de reconnaître qu'il est devenu autre, qu'il n'appartient plus à sa vie d'avant. »

Il lit encore une phrase d'Isaïe :

« L'esprit du Seigneur est sur moi à cause qu'il m'a oint pour évangéliser les pauvres, il m'a envoyé proclamer aux prisonniers la délivrance et aux aveugles la lumière, renvoyer libres les opprimés. »

Il ferme le livre, le rend au gardien et s'assied.

Puis, dans les chuchotements qui enflent comme une houle qui va déferler, il dit :

« Aujourd'hui vous entendez cette écriture s'accomplir. »

La vague est là, pleine de fureur, ils ne le croient pas.

Il répète :

« Oui, oui, je vous le dis, aucun prophète n'est accueilli par sa patrie. »

« Je suis la résurrection et la vie. »

La houle s'abat sur lui.

On le bouscule, on le pousse hors de la synagogue, on le malmène dans les ruelles de son village de Nazareth. Il passe devant sa maison. Il se laisse conduire jusqu'à l'une de ces falaises. Ils veulent le précipiter du haut de cet à-pic.

Il ne craint rien. Le moment n'est pas venu. Il les dévisage. Il enfonce son regard dans leurs yeux.

Et on s'écarte, comme si tout à coup, ils étaient effrayés et honteux de ce qu'ils allaient accomplir.

Il passe au milieu d'eux, dans le silence qui s'est établi. Mais il sait désormais que ceux qu'il veut enseigner, sauver, peuvent, aveuglés par la haine, vouloir sa mort.

Car les hommes tuent.

Et il doit offrir sa vie pour que les hommes n'oublient jamais qu'il y a en chacun d'eux un démon meurtrier.

« Va, va, va. »

Il se dirige vers le lac de Tibériade.

29.

Il marche sur le plateau de Galilée, entre l'immensité bleue de la mer et le miroir argenté du lac de Tibériade.

Il avance parmi ses souvenirs.

Devant lui la cité de Cana, où il éprouva la force qu'il porte en lui. Et ce furent les noces entre l'eau et le vin, entre l'homme et Dieu, entre celui qui est la voix et ceux qui ont peur de l'entendre.

À Cana, parce que les hommes ont cru, l'eau est devenue vin. Les noces ont été accomplies et heureuses.

Il s'arrête à l'entrée de Cana.

Il va se rendre à la synagogue, annoncer : « C'est l'instant, le règne de Dieu approche, repentez-vous et convertissez-vous, écoutez ce que je dis, c'est la bonne nouvelle. »

Il se tourne vers les disciples qui le suivent. Mais ce n'est pas eux qu'il regarde. À l'horizon vers le sud, dans la lumière rose du soleil qui peu à peu se ternit, il devine, entre les falaises, les maisons de Nazareth. Et le souvenir de ces cris de fureur, de cette violence déchaînée contre lui, est comme une plaie ouverte dont il ne doit pas chercher la guérison. Il faut qu'elle reste douloureuse, qu'il n'oublie jamais que des hommes l'ont ainsi accueilli.

Et parce qu'ils étaient méfiants, pleins de doutes, et bientôt de haine, les noces n'ont pas eu lieu. Il n'a pu accomplir des miracles, puisque c'est par ce mot que les hommes nomment l'acte d'union de Dieu et du monde.

Sans la foi des hommes en Dieu, que peut celui qui est le fils de Dieu ?

Seulement prouver qu'il est prêt au sacrifice et ainsi, offrant son sang et sa chair, ouvrir les yeux des aveugles, et les oreilles des sourds.

Il prêche à Cana et dans tous les villages qu'il traverse. Les synagogues sont pleines. On le suit dans les ruelles. Ceux-là se souviennent des noces de Cana. Ils veulent le toucher, frôler sa tunique du bout des doigts. Leurs gestes, leurs regards, leurs prières, leur foi deviennent sa force.

Il a l'impression que ses pas laissent des empreintes profondes dans le chemin sableux qu'il suit maintenant. Il descend ainsi, vers les rives du lac, vers cette cité de Capharnaüm, où il veut demeurer quelques jours, avant de repartir sur les chemins, afin de semer dans toute la Palestine, en Galilée, mais aussi en Judée, et au-delà du Jourdain, en Pérée, et dans les villes du Décapole qui sont sous l'autorité de Philippe, le frère humilié d'Hérode Antipas.

Brusquement un cavalier apparaît, remontant la pente. Les muscles du cheval tressaillent de fatigue, la sueur couvre le corps du cavalier et celui de sa monture.

L'homme saute à terre. Ses lèvres tremblent, sa voix défaille. Lui, l'officier, le proche du tétrarque Hérode Antipas, lui, l'homme qui porte la cuirasse et le glaive, il n'est plus qu'un père dont le fils est malade et qui prie Jésus de se rendre dans sa maison, de guérir cette vie qui vaut plus que la vie.

« Seigneur, descends avant que mon fils ne meure ! » dit-il.

Jésus s'est arrêté.

« N'auras-tu la foi que si tu vois des signes et des prodiges ?

— Viens avant que mon enfant ne meure, répète l'officier.

— Va, va, va. Il est bien vivant. »

L'homme bondit sur sa monture, descend le chemin abrupt au galop.

Et plus tard, un domestique apportera la nouvelle que la fièvre du fils a disparu à la septième heure, au moment même où Jésus disait « ton fils est vivant ».

Et maintenant Jésus voit cette foule d'hommes et de femmes, certains portant des enfants emmaillotés, qui s'avance vers lui, celui qui guérit, qui sauve, celui qui est le Christ. Jésus avance au milieu de tous ces corps, qui se penchent vers lui, qui veulent que le Christ les baptise. Et lui entre dans la synagogue de Capharnaüm, au bout de ces ruelles où s'entassent des paniers remplis de poissons. Le sol est couvert d'écailles sur lesquelles on glisse.

« *Je suis la résurrection et la vie.* »

Et une odeur âcre prend à la gorge.

Jésus entre dans la synagogue de Capharnaüm et à peine a-t-il dit quelques mots qu'un homme se dresse, gesticule, les yeux flamboyants. Il hurle à grande voix :
« Hé là ! Que nous veux-tu Jésus de Nazareth ? Es-tu venu nous perdre ? Je sais que tu prétends être le saint de Dieu. »
Jésus tend le bras.
Il a l'impression de lancer sa parole comme un javelot, afin de chasser le démon qui habite cet homme, provoque ces convulsions, cette bave qui couvre les lèvres.
« Assez, sors de lui ! » tonne Jésus.
L'homme s'effondre et n'est plus qu'un amoncelle-ment de tissus. Il pleure.
L'assistance est saisie.
On murmure :
« Quelle parole que celle de Jésus de Nazareth ! Il commande avec pouvoir et puissance aux esprits impurs et ils fuient ! »

Désormais, là où il passe, la foule se rassemble toujours. Il la traverse, entre dans la maison de Simon-Pierre.
Et dans la pénombre, Jésus voit la vieille belle-mère de Simon-Pierre, le corps tremblant de fièvre.
Il se penche. Il est la force, le souffle, la voix. Il prend la main de la vieille femme. Il la serre et, après quelques instants, il sent que la fièvre s'échappe, que la respiration de la malade devient régulière.
La vieille femme se lève et veut le servir.

Et dehors quand il sort de la maison, dans la fraîcheur enfin venue du crépuscule, la foule l'attend.

Elle sait déjà qu'il a guéri la vieille femme, et alors que la nuit tombe on lui présente des malades, des hommes et des femmes, des enfants aussi que les démons possèdent, et il faut qu'il les touche, chassant ainsi le mal de leurs corps.

Il se retire avec le sentiment qu'il est à bout de forces.

Il a besoin d'être seul afin de pouvoir écouter cette voix intérieure qui le guide et sentir ce souffle qui le soulève et le pousse.

Il est comme un puits ou une source qui se vide et se tarit, si on ne laisse pas l'eau la remplir et jaillir à nouveau afin qu'on puisse y puiser, s'y abreuver, s'y baptiser.

Il fuit donc Capharnaüm, alors que l'aube est encore sombre. Il marche vers les collines qui dominent la ville. Il peut prier dans ce désert. Mais avec le soleil arrivent Simon-Pierre, André, Jacques et Jean fils de Zébédée, Philippe, Nathanaël.

« Tout le monde te cherche », disent-ils.

Et des voix s'élèvent de la foule qui a rejoint les disciples. On veut le retenir.

Mais lorsqu'il s'avance comme si rien ne pouvait faire obstacle à sa marche, la foule s'ouvre.

Il s'arrête au milieu de ces corps, dans le faisceau de ces regards.

« Il faut que je parte, dit-il, que j'annonce le règne de Dieu aux autres cités aussi, car c'est pour cela que j'ai été envoyé. »

30.

Jésus est debout sur le rivage du lac de Tibériade. C'est l'aube. Le ciel est si limpide, la lumière si pure que Jésus distingue les traits des pêcheurs dont les barques s'approchent.

À la proue de la plus grosse des embarcations il reconnaît Simon-Pierre, et à la poupe se tient son frère André. Tous deux ont les bras croisés cependant que la douzaine de rameurs souquent sans entrain, couchés sur leurs avirons. Les filets s'entassent au milieu de la barque. D'autres embarcations forment une petite flotte.

Jean et Jacques, les deux fils de Zébédée, à la proue de leur barque, ont la même attitude lasse, le même visage sombre que les deux frères Simon-Pierre et André.

Ils ont sillonné en vain, toute la nuit, ce lac qu'ils appellent la mer de Galilée.

Ils ont jeté les éperviers, ces filets circulaires lestés de plomb qu'ils lancent loin. Ils ont placé ces filets verticaux, mais les bancs de poissons semblent avoir déserté le lac.

Jésus fait quelques pas, l'écume fraîche recouvre ses chevilles. Il s'avance encore un peu plus dans l'eau.

Il veut aller à la rencontre des pêcheurs.

Il a besoin de ces hommes-là, qui sont ses fidèles, ses disciples, mais qui ont repris leur tâche sur le lac. Ils doivent devenir pêcheurs d'hommes, être aux côtés de lui, pour lancer la parole de foi comme un filet.

Le moment est venu. Le temps s'écoulera vite. Il faut qu'à chaque instant on pêche.

Tout à coup, une rumeur, des voix qui clament.

Jésus se retourne, c'est la foule qui longe le rivage. Elle gesticule, prie. Elle soulève à bout de bras les malades, les infirmes, réclame leur guérison, une parole qui chasse les démons, la fièvre, la douleur.

N'est-il pas le Christ ?

D'un geste, Jésus appelle Simon-Pierre. André godille à la poupe. La barque est proche. Jésus saute à l'intérieur et l'embarcation s'éloigne de quelques brassées du rivage envahi par la foule, qui entre dans l'eau, et il faut s'éloigner encore.

Jésus s'assied, à la proue, s'adresse à cette foule insatiable.

Le cœur des hommes a besoin de foi.

Mais Jésus sait que seul il ne peut les nourrir tous.

Il a besoin que Simon-Pierre et André, Jean et Jacques, se joignent à lui, non plus pour un pèlerinage à Jérusalem, mais pour le seconder, être l'écho de sa voix, à chaque instant.

Il parle encore à la foule. Puis il se tourne vers Simon-Pierre.

« Je suis la résurrection et la vie. »

« Gagne le large et lâche les filets pour la pêche », dit-il.

Il lit l'étonnement et l'hésitation sur le visage de celui qu'il a nommé, à Béthabara, Képhas, la pierre, mais que ses compagnons appellent encore Simon.

Et il doit être Pierre, pierre d'un seul bloc.

Simon-Pierre hausse les épaules. La pêche de jour n'est jamais bonne, commence-t-il.

« Maître, nous nous sommes fatigués toute la nuit pour ne rien prendre… »

Le jour ne peut être que pire s'il est possible.

Jésus ne le quitte pas du regard.

Pierre baisse la tête.

« Sur ta parole », dit-il, je jetterai les filets.

Jésus reste immobile.

Dieu sait qu'il a besoin de ces hommes, Dieu les convaincra.

Jésus ferme les yeux.

Il attend.

Il n'a pas besoin d'ouvrir les yeux. Il entend. Il voit. Les filets enroulés sur le bras gauche et lancés à toute volée. Le bruit qui éclate en mille gouttelettes quand les poids entraînant les filets vers le fond frappent la surface de l'eau. Puis les cris après seulement quelques instants, quand les filets se tendent sous la charge des centaines de poissons.

Et Simon-Pierre hurle à Jean et à Jacques de venir avec leur embarcation, pour aider à tirer les filets.

La pêche est si fructueuse que les barques sont pleines à ras bord et s'enfoncent sous le poids.

Jésus ouvre les yeux.

Simon-Pierre est à genoux, au milieu de sa pêche. Les corps palpitent encore. Les écailles brillent, l'eau ruisselle. Les rameurs ont levé leurs avirons et regardent fascinés cette pêche inattendue, miraculeuse.

Et il y a de l'effroi dans leurs yeux.

Pierre balbutie, la voix tremblante :

« Éloignez-vous de moi, Seigneur, je ne suis qu'un pauvre homme, plein de péchés. »

Simon se débat pour échapper au filet. Il a peur de devenir Pierre, d'abandonner ce qu'il est, sa barque, sa vie. Et il en est ainsi d'André, de Jean et de Jacques, de Philippe et de Nathanaël.

Ils ont déjà agi en hommes de foi, en apôtres.

Mais le moment est venu. Ils doivent accompagner Jésus, à chaque instant de chaque jour.

« Venez à ma suite et je vous ferai pêcheurs d'hommes », murmure Jésus.

Il se tourne vers Simon-Pierre.

« Ne crains point car désormais ce sont les hommes que tu prendras. »

Il a parlé fort pour que Jean, Jacques, André l'entendent.

Les pêcheurs sautent sur le rivage, tirent les barques. Et la foule se rassemble pour découvrir cette pêche qui remplit les embarcations.

« Allons », dit Jésus.

Pierre et André, Jean et Jacques laissent tout et le suivent.

DEUXIÈME PARTIE

« Le ciel et la terre passeront
mais mes paroles ne passeront pas. »

Évangile selon saint Marc, XIII, 31

31.

Jésus parcourt les terres rouges et fertiles de Galilée.

Il arpente les oliveraies, suit les chemins qui sinuent entre les ceps de vigne, les palmiers et les figuiers.

Quelques centaines de pas plus loin, s'étendent les champs de blé et d'orge, les pâturages. Les villages blancs sont accrochés au flanc des collines, et à l'horizon se dressent les falaises qui annoncent la profonde vallée du Jourdain et le lac de Tibériade.

Il marche suivi de ses disciples, qui n'ont plus un regard vers les lieux de leur vie d'avant. Et quand ils retrouvent Capharnaüm et Bethsaïde, ce ne sont plus pour eux que des cités parmi d'autres. Il leur faut, comme partout en Galilée mais aussi en Phénicie, ou au pied du mont Hermon, à Césarée, la ville du tétrarque Philippe, semer la parole du Christ.

Et les foules se rassemblent comme si la parole avait précédé Jésus et les siens.

Il se tourne vers ses disciples.

« Le règne de Dieu, dit-il, c'est comme un homme qui aurait jeté la semence en terre. Il dormirait, il se lèverait, la nuit, le jour, et la semence germerait, grandirait sans qu'il sache comment. La terre porte d'elle-même son fruit, d'abord une herbe puis un épi, puis du blé plein l'épi. »

Après vient la moisson. Jésus regarde ces visages, ces mains qui se tendent vers lui, ces corps qu'on lui présente.

Il voit les plaies ouvertes, les jambes déformées, les yeux qui n'ont jamais connu la lumière du jour, la beauté paisible des champs et le rouge de la terre galiléenne.

Il voit les paralytiques et les lépreux.

Chaque homme est souffrance et espérance.

Il doit soigner, sauver, rendre l'agilité, donner aux yeux le regard.

Il doit guérir pour qu'on sache qui il est, ce qu'il annonce.

« Va, va, va. »

La voix le porte.

Le souffle l'emplit de certitude.

La foi lui fait écouter le lépreux purulent qui vient de se précipiter, de tomber face contre terre, de dire :

« Seigneur, si tu veux tu peux me purifier. »

Jésus tend la main, le touche, effleure ses plaies, dit :

« Je le veux, sois purifié. »

L'homme se lève transfiguré.

« Ne dis rien à personne, reprend Jésus, va te montrer aux prêtres. »

Mais il voit l'homme qui s'enfonce dans la foule, qui gesticule et clame qu'il est purifié.

« Je suis la résurrection et la vie. »

La foule crie, supplie le Christ tout-puissant de toucher les malades, de les guérir.

Jésus s'éloigne.

Il a besoin d'être seul, de prier, de retrouver toute sa force, car il se sent vide, exténué, comme si la voix intérieure était voilée, inaudible. Il doit lui redonner tout son éclat, sa puissance.

Car il ne peut s'éloigner des hommes que pour les retrouver.

Il est homme pour être parmi eux, plus fort.

Et les hommes viennent de plus en plus nombreux, parce que ceux qui l'ont écouté, qui sont guéris, parlent, racontent. L'on vient de tous les bourgs de Galilée, de la Judée et de Jérusalem, pour l'écouter, le solliciter.

Il y a dans la foule des pharisiens, des scribes, des prêtres, des docteurs de la loi, des espions au service du sanhédrin.

Ceux-là s'inquiètent de l'influence de ce Jésus de Nazareth qui parle comme s'il était le Christ, le Messie, le fils de Dieu.

Il les reconnaît ces hommes de peu de foi, sceptiques, hostiles.

Ils sont prêts à l'accuser d'être un imposteur, un blasphémateur, qui prétend s'arroger les pouvoirs de Dieu.

Ils sont assis au premier rang dans cette maison où Jésus parle. L'assistance est si nombreuse que les hommes paraissent se chevaucher les uns les autres, ne laissant entre leurs épaules aucun espace.

De temps à autre, toute cette foule oscille dans l'atmosphère étouffante, comme si les derniers rangs allaient s'abattre sur les premiers.

Et tout à coup dans un grand brouhaha, au milieu des exclamations, des bruits de tuiles brisées, d'un tourbillon de poussière, voici qu'un lit apparaît, tenu à bout de bras depuis la terrasse par une dizaine d'hommes.

Un paralytique est sanglé sur le lit. Quelqu'un crie que la foule n'a pas voulu laisser passer le malade, et qu'il a bien fallu trouver le moyen de le déposer devant le Christ, afin qu'il guérisse cet homme.

Ceux qui l'ont porté, sautant de la terrasse, s'agenouillent.

« Nous croyons en toi », répètent-ils.

Jésus se penche. La foi, l'espérance brillent dans les yeux de ces hommes, de ce paralytique qui ne peut même pas tourner la tête.

« Homme, tes péchés te sont remis », dit Jésus.

Les prêtres, les pharisiens, les scribes s'indignent :

« Blasphème ! lancent-ils. Qui peut remettre les péchés sinon Dieu seul ?

— De quoi raisonnez-vous dans vos cœurs ? » répond Jésus.

Il doit, face à cette foule, trouver en lui la force de montrer à ces sceptiques, à ces âmes sans espérance, ce qu'est la puissance de la foi.

« Va, va, va. »

Il se tourne vers le paralytique.

« Je suis la résurrection et la vie. »

« Je te dis, lève-toi, enlève ton lit et porte-le dans ta maison. »

Et l'homme se lève, et la foule reflue, le laissant passer avec sa couche sur le dos.

« Va, va, va. »

Chaque défi relevé, chaque acte accompli l'épuise et l'exalte. Car il n'a d'autre source qu'en lui-même, et c'est Dieu qui la fait jaillir. Mais c'est son sang et sa chair d'homme qu'il donne pour que le miracle se réalise.

Et un jour viendra, il le sait, où il offrira tout son corps, chair et sang, pour montrer qu'il peut endurer la souffrance et mourir.

Et le plus grand des miracles surgira de sa mort.

« Va, va, va. »

Il avance, suivi par la foule. Il s'arrête devant la maison d'un percepteur. Le publicain est sur le seuil. Il se nomme Lévi. Le Christ le fixe.

« Suis-moi », dit-il.

Et ce Lévi deviendra Matthieu.

Il est riche et puissant. Il ouvre sa porte, organise un grand festin, et le Christ s'allonge près de lui, qui sera l'un de ses apôtres. Et il mange et il boit.

Les pharisiens murmurent, protestent, dénoncent, interpellent les disciples :

« Pourquoi mangez-vous et buvez-vous avec des percepteurs, dont la vie est péché ? »

Jésus se lève.

« Ce ne sont pas les valides qui ont besoin de médecin, mais les mal portants. »

Il passe entre les convives.

« Je ne suis pas venu appeler des justes, mais des pécheurs à la conversion », ajoute-t-il.

Il s'arrête devant chaque invité, le dévisage.

Chaque homme peut être submergé par la foi, et chaque homme peut succomber au démon.

Point de différence d'origine entre les hommes.

Et il n'y a pas non plus de différence entre les jours.

Le jour du sabbat, on peut cueillir des épis et les manger après les avoir froissés entre ses mains.

Et ses disciples le font.

Le jour du sabbat, dans une synagogue, on peut saisir la main droite d'un homme. Elle est sèche et rabougrie, comme une feuille morte.

Et il sait que les prêtres et les pharisiens l'observent.

S'il guérit en ce jour de sabbat, il est blasphémateur, et doit être condamné.

Et c'est pour cela qu'il dit à l'homme :

« Lève-toi et tiens-toi là au milieu. »

Jésus se tourne vers ceux qui le haïssent.

« Je vous demande si on a le droit un jour de sabbat de bien faire ou de mal faire, de sauver une vie ou de la perdre. »

Il les fixe longuement.

Il sait qu'ils le condamneront.

Mais il dit à l'homme :

« Tends ta main. »

Jésus l'effleure et la main reverdit.

« Je suis la résurrection et la vie. »

Jésus recule de quelques pas pour échapper à ces hommes qui tentent de l'approcher, qui le prient, qui le supplient de chasser les démons de leur corps.

Derrière eux, il aperçoit ces pharisiens, ces scribes, ces prêtres dont les regards sont remplis de haine.

Ils doivent se concerter pour savoir ce qu'on fera de lui, quel châtiment on lui infligera.

Mais il ne les craint pas. Il dit d'une voix forte :

« Le fils de l'homme est Seigneur du sabbat. »

Puis, cependant que ses disciples contiennent la foule, il réussit à quitter la synagogue, à se retrouver seul dans la montagne. Et lorsque la nuit se referme, il s'arrête, s'agenouille et écoute la voix qui parle en lui.

« Va, va, va. »

32.

Le jour se lève.

Jésus descend vers le plateau. Il aperçoit Simon-Pierre et André, Jean et Jacques, Philippe et Nathanaël, Matthieu. Ils sont assis autour d'un feu dont les flammes hautes éclairent leurs visages dans l'aube encore grise.

Ils se dressent, marchent vers Jésus. Et il lit dans leurs yeux l'espérance et la crainte. Ils veulent donner leur vie et ils ont peur de perdre ce qu'ils possèdent. Ils ont de longues barques sur lesquelles peuvent prendre place treize pêcheurs. Ils vendent leurs poissons à Bethsaïde et à Capharnaüm. Ils ont des épouses. Et ils pressentent qu'il leur faudra tout abandonner pour suivre le Christ. Et Matthieu, le plus riche, sait qu'il doit renoncer au luxe de sa maison, à l'abondance des mets qu'il aime à déguster lors des banquets qu'il offre.

Jésus s'arrête à quelques pas de ces hommes dont il a pu déjà éprouver la fidélité.

La nuit a été fertile. La voix a semé en lui, et le souffle a rempli sa poitrine.

« Je suis la résurrection et la vie. »

Il dit :

« Ce n'est pas vous qui m'avez choisi, c'est moi qui vous ai choisis. Je vous ai établis pour que vous alliez porter du fruit, un fruit qui demeure, et pour que le Père vous donne ce que vous lui demanderez en mon nom. »

Il s'interrompt un instant. Son regard les scrute et les pénètre. Ceux-là seront des apôtres.

À Pierre et à son frère André, à Jacques et à Jean, les deux fils de Zébédée, à Philippe et à Nathanaël, à Matthieu, il adjoindra Thomas, Jacques le Mineur, Jude, Simon le zélote et Judas.

Il égrène leurs noms.

Il leur rappelle ces questions qu'un jeune homme lors d'une assemblée, lui avait posées.

« Qu'est-ce que je peux faire de bon pour avoir la vie éternelle ? avait-il demandé à Jésus.

— Garde les commandements, avait répondu Jésus. Tu ne tueras pas, tu ne seras pas adultère, tu ne voleras pas, tu ne mentiras pas lorsque tu témoigneras. Tu honoreras ton père et ta mère, et tu aimeras ton prochain comme toi-même. »

Et Jésus avait ajouté, puisque le jeune homme avait assuré être fidèle à ces commandements, qu'il devait vendre ses biens et en donner le prix aux pauvres.

Le jeune homme avait paru accablé car il était riche de grosses propriétés.

Les douze apôtres que Jésus vient de choisir se souviennent. Jésus fait quelques pas, s'arrête devant chacun d'eux, puis ajoute :

« Oui, je vous le dis, un riche entre difficilement dans le royaume des cieux. Je vous le répète, il est plus facile à un chameau d'entrer par un trou d'aiguille qu'à un riche d'entrer dans le règne de Dieu. »

Pierre s'approche.
« Voilà, dit-il, nous laissons tout, nous te suivons, qu'y aura-t-il donc pour nous ?
— Oui, répond Jésus, je vous le dis à vous qui m'avez suivi, et qui allez me suivre, lors de la régénération, quand le fils de l'homme s'assiéra sur son trône de gloire, vous vous assiérez vous aussi sur douze trônes, pour juger les douze tribus d'Israël. Et quiconque a laissé maisons, frères, sœurs, père, mère, femme, enfants ou champs, ou barques, à cause de mon nom, recevra plusieurs fois autant et héritera de la vie éternelle. Beaucoup de premiers seront derniers, et de derniers, premiers. »

Jésus commence à marcher. Et les douze apôtres le suivent.

33.

Jésus s'engage à grands pas sur le plateau de Qorum Hattim, qu'encadrent des rochers de basalte noir. Ces blocs alignés forment comme deux colonnes massives, au bout desquelles en contrebas, mais paraissant à la même hauteur, s'étend le lac de Tibériade.

Jésus ce matin se sent si léger et si fort, porté par un tel souffle, habité par une voix si puissante, qu'il a le sentiment que s'il le voulait il pourrait d'un bond se trouver sur les rives du lac.

Il se retourne. À un pas derrière lui marchent Pierre et, en retrait, Jean et Judas, puis plus loin les neuf autres apôtres.

« Qui dites-vous que je suis ? » lance Jésus tout en continuant d'avancer.

Il répète sa question, et c'est Pierre qui répond d'une voix ferme :

« Tu es le Christ, le fils du Dieu vivant. »

Jésus s'immobilise, attend que les apôtres se soient rassemblés autour de lui. Pierre et Jean sont à ses côtés. Judas lui fait face.

Jésus pose sa main sur l'épaule de Pierre.

« Et moi je te dis que tu es Pierre, et sur cette roche je bâtirai mon église et les puissances de l'enfer ne pourront rien contre elle. »

Il presse l'épaule de Pierre.

« Je te donnerai les clés du royaume des cieux, reprend-il. Tout ce que tu lieras sur la terre sera lié dans les cieux, et tout ce que tu délieras sur la terre sera délié dans les cieux. »

Les apôtres comme un essaim viennent se serrer contre lui, murmurer :

« Tu es le Christ, le fils du Dieu vivant. »

Il les dévisage, l'un après l'autre. Ils sont hommes. Ils ont et auront les faiblesses des hommes.

Et lui-même est faible parce qu'il est homme parmi les hommes et connaîtra le sort de l'un quelconque d'entre eux.

Mais il est fils de Dieu.

Il doit avertir ses apôtres.

« Celui qui voudra sauver sa vie la perdra, dit-il, mais celui qui perdra sa vie à cause de moi la trouvera. »

Et tout à coup cette rumeur, comme le bruit d'une rivière en crue qui recouvre inexorablement les berges.

C'est la foule qui s'avance sur ce plateau de Qorum Hattim. Elle est si dense qu'elle forme comme un immense rideau, qui masque l'horizon, le lac de Tibériade.

Elle est l'horizon et la mer.

« Je suis la résurrection et la vie. »

Elle vient de Galilée et de Phénicie, des villes du Décapole, de Tyr et de Sidon, mais aussi de toute la Judée et de Jérusalem.

Il se dirige vers elle.

« Gardez le silence », dit-il aux apôtres.

Personne ne doit répéter ce qui a été dit, qu'il est le Christ, fils du Dieu vivant.

À chaque homme de l'éprouver, si Dieu le veut.

Et à lui, fait homme parmi les hommes, de leur ouvrir les yeux. Il est à quelques pas de cette foule qui s'est arrêtée.

Les regards pleins d'espérance sont une mer qui le porte, un souffle qui le soulève.

Et il sent que les mots qui se heurtent d'impatience dans sa poitrine vont s'ordonner, en jaillissant.

Il monte sur un rocher de basalte, et ses apôtres le rejoignent. La foule est en contrebas. Elle tend les mains. Elle voudrait le toucher. Mais il est trop haut pour qu'elle puisse l'atteindre et les apôtres forment autour de lui comme une barrière contre laquelle les vagues viennent se briser.

Jésus s'assied. Ce sont ses apôtres qu'il regarde mais c'est à chaque grain de cette moisson humaine qu'il doit s'adresser.

Et sa voix recouvrira toutes les autres voix.

« Va, va, va. »

« Vous êtes le sel de la terre, dit-il, vous êtes la lumière du monde... Et je ne suis pas venu défaire mais remplir. »

La voix résonne, et les rochers de basalte noir la renvoient, et bientôt elle forme au-dessus de la foule comme une nuée bénéfique.

« Magnifiques et heureux les pauvres en esprit, dit-elle, car le règne des cieux est à eux.

« Magnifiques et heureux ceux qui pleurent car ils seront consolés.

« Magnifiques et heureux ceux qui sont doux car ils hériteront de la terre.

« Magnifiques et heureux les affamés de justice car on les rassasiera.

« Magnifiques et heureux les miséricordieux car ils obtiendront miséricorde.

« Magnifiques et heureux les cœurs purs car ils verront Dieu !

« Magnifiques et heureux les pacifiques car on les appellera enfants de Dieu.

« Magnifiques et heureux ceux qui souffrent persécution pour la justice car le royaume des cieux est à eux.

« Magnifiques et heureux quand on vous insultera, quand on vous persécutera et qu'on dira faussement toute sorte de mal contre vous à cause de moi. Réjouissez-vous et soyez dans l'allégresse car votre récompense est grande dans les cieux. »

Il parle plus qu'il n'a jamais parlé et tout son corps se consume tant la voix se nourrit de sa chair et de son sang.

Il condamne celui qui tue et celui qui ment, celui qui convoite et celui qui est adultère, celui qui hait son ennemi, au lieu de l'aimer.

« *Je suis la résurrection et la vie.* »

« Quelqu'un te gifle sur la joue droite, tends-lui aussi l'autre. »

Ni colère ni parjure !

« Si ton œil droit te scandalise, arrache-le et jette-le loin de toi.

« Si ta main droite te scandalise, coupe-la et jette-la loin de toi… »

L'attention de cette foule, la fixité de ces regards, ces visages levés vers lui, ces bouches entrouvertes comme si elles s'apprêtaient à boire, l'exaltent.

Il puise au fond de lui :

« Ne jugez pas et vous ne serez pas jugés.

« Retire de l'œil ta poutre, après tu y verras pour retirer la paille de l'œil de ton frère.

« Ne donne pas aux chiens ce qui est saint et ne jette pas de perles aux cochons… »

Il est au bout de ses forces.

« Entrez par la porte étroite car large est la porte et vaste le chemin qui mène à la perdition, et ils sont beaucoup à y entrer », dit-il encore.

Il se lève.

Il regarde les apôtres.

« Ce n'est pas en me disant, gronde-t-il, "Seigneur, Seigneur", que vous entrerez dans le royaume des cieux, mais en faisant la volonté de mon père qui est dans les cieux. »

Il fait un pas vers le bord du rocher de basalte noir.

Il lui suffirait de se baisser, de tendre la main pour toucher ces hommes et ces femmes qui, d'un regard suppliant, le sollicitent. Mais ce n'est point jour de miracle, mais jour de sermon, souffle du verbe.

À chacun de saisir ces mots qu'il a lancés.

« Quiconque entend les paroles que je viens de dire et les pratique sera pareil à un homme sage qui a bâti sa maison sur la pierre.

« La pluie est tombée, les torrents sont venus, les vents ont soufflé et se sont déchaînés contre cette maison mais elle n'a pas été détruite et balayée, parce qu'elle était scellée à la pierre. Mais quiconque entend mes paroles et ne pratique pas sera pareil à l'insensé qui a bâti sa maison sur du sable.

« Les pluies sont tombées, les torrents ont déferlé, les vents ont soufflé et frappé la maison.

« Et sa chute a été grande. »

Il descend du rocher de basalte noir.

Ses apôtres l'entourent.

Et la foule s'ouvre devant eux, comme la mer est fendue par l'étrave.

34.

Jésus s'arrête.

Voici déjà les rivages du lac de Tibériade. Dans la brume grise qui se déchire, il aperçoit les premières maisons de Capharnaüm, et rentrant de leur longue pêche nocturne, les barques qui se dirigent vers les berges.

Rien ici ne paraît avoir changé. Chaque grain de sable semble à sa place, immuable. Et le chant des rameurs scande le rythme lent des avirons.

Mais tout cela n'est qu'apparence et illusion.

Le sable a été retourné par les vagues de la nuit. Les voix des pêcheurs sont celles d'hommes exténués. Ils ont remonté des filets et des nasses vides. Ils ont oublié leur entrain, quand après l'appareillage ils espéraient en une pêche fructueuse. Et la fatigue et l'amertume alourdissent leurs gestes et voilent leurs chants. Tout a changé.

Jésus entend le piétinement de la foule qui l'a suivi depuis le plateau de Qorum Hattim.

Ses paroles, son sermon prononcé au cœur de la montagne, ces béatitudes qu'il a évoquées, afin que les hommes soient « magnifiques et heureux » en respectant les commandements de Dieu, vont faire naître un autre monde.

Il le sent. Il le veut.

Il est celui qui sème, qui révèle. Le monde ne peut plus être ce qu'il a été, et lui ne peut plus qu'avancer jusqu'au bout du chemin.

Il voit sortir de Capharnaüm, se diriger vers lui, une autre foule.

Jésus voudrait-il reculer qu'il ne le pourrait pas.

D'autres hommes qui supplient sont à quelques pas derrière lui. Et les habitants de Capharnaüm l'interpellent, parlent dans le désordre de l'émotion.

Un centurion qui commande la garnison de Capharnaüm, disent-ils, a lui un esclave malade, et il sollicite l'aide de Jésus pour chasser la maladie de cet homme exemplaire qui mérite d'être sauvé.

« Accorde cela au centurion, demandent les habitants de Capharnaüm, car ce Romain aime notre nation, c'est lui qui nous a bâti la synagogue. »

Jésus les suit.

Puis les envoyés du centurion se présentent à lui.

Le Romain s'excuse : « Ne te tourmente pas, a-t-il dit, car je ne suis pas digne que tu entres sous mon toit, je ne me suis même pas jugé digne de venir à toi, mais tu n'as qu'un mot à dire, et mon homme sera sauvé. C'est ainsi que j'agis avec les soldats sous mes ordres, je dis à l'un "va" et il "va" et à l'autre "viens" et il "vient". »

Ce centurion est homme de foi.

« Je suis la résurrection et la vie. »

Jésus ferme les yeux. Toute la force de sa voix, la puissance de son souffle, il les rassemble pour que l'esclave soit guéri.

Et des habitants crient, surgissant des ruelles de Capharnaüm, annonçant que le serviteur du centurion s'est levé de sa couche, qu'il est déjà à la tâche.

La foule autour de Jésus chante et danse, prie et célèbre celui qui a de tels pouvoirs, celui que Dieu habite.

Jésus ne peut qu'avancer soulevé par cette foi, qui exige qu'il montre sa puissance et la confiance que Dieu lui accorde. Il pressent que le temps va lui manquer. Il est déjà tard. Il faut quitter les rives du lac, parcourir les chemins de Galilée, délivrer les corps du mal et l'esprit du doute, ou de la soumission aux démons.

Et les apôtres marchent à quelques pas derrière lui et la foule les suit.

Et voici que, tout à coup, à l'entrée de la ville de Naïm, un cortège guidé par une femme, le corps enveloppé par les voiles noirs du deuil, apparaît.

Sur les épaules des hommes oscille le corps d'un jeune fils, caché par le linceul blanc de la mort.

Et la femme noire lance des cris stridents qui déchirent sa poitrine et les âmes.

La mort lui avait déjà pris son époux et maintenant elle lui arrache son fils unique.

Elle ne s'est même pas tournée vers Jésus. La douleur l'écrase et l'aveugle.

Telle est la souffrance des hommes. Et il est l'un d'eux. Et son corps est promis à cette douleur.

Il l'attend. Il ne la craint pas, mais il doit arracher au malheur cette femme accablée. « Va, va, va. »

Jésus s'approche, touche le linceul.

« Jeune homme je te le dis, lève-toi. »

Et le jeune homme se dresse, commence à parler. Et Jésus le montre à sa mère.

Puis Jésus s'éloigne et, sur son passage, les hommes et les femmes baissent la tête, détournent le regard comme s'ils craignaient Celui qu'ils glorifient pourtant.

Et Jésus les entend murmurer, et les mots sautent d'un homme à l'autre comme les flammèches par grand vent.

« Un grand prophète s'est levé parmi nous, et Dieu a visité son peuple. »

Et l'incendie se répand de la Phénicie à la Judée, de Césarée, la ville du tétrarque Philippe, jusqu'à Machéronte, là où Hérode Antipas tient prisonnier Jean Baptiste, le précurseur.

Et les flammèches entrent dans ce palais forteresse, et Jean le Baptiste, de son cachot, les voit embraser le désert du Moab.

Voici deux de ses disciples, qui l'ont rencontré à Machéronte, et qui à sa demande ont traversé la Judée et la Samarie, pour voir celui que Jean avait, sur les bords du Jourdain, reconnu et appelé « Agneau de Dieu ».

« Je suis la résurrection et la vie. »

Jean le Baptiste voudrait être sûr alors que la mort s'approche, il le sait, que ce Jésus de Nazareth est bien le Christ.

Et avec joie alors il offrirait sa gorge au glaive du bourreau, de celui qui sur ordre d'Hérode Antipas affûte déjà sa lame.

« Es-tu celui qui doit venir ? demandent à Jésus les envoyés de Jean le Baptiste. Ou bien devons-nous en attendre un autre ? »

Jésus d'abord ne répond pas, tourné vers la foule, touchant les plaies des lépreux et les membres des paralytiques, oignant de sa salive les yeux morts des aveugles.

Enfin il s'adresse aux envoyés.

Sa voix est douce comme une caresse sur la joue d'une enfant apeurée.

« Allez annoncer à Jean ce que vous avez vu et entendu, dit-il. Les aveugles voient, les boiteux marchent, les lépreux sont purifiés, les sourds entendent, les morts se relèvent, les humbles reçoivent la bonne nouvelle. »

Les disciples de Jean s'éloignent en hâte.

Ils vont transmettre à leur maître ce qu'ils ont appris.

Jésus les suit du regard.

La mort aussi se hâte.

Déjà le bourreau descend les marches qui le conduisent au cachot de Jean, dans la forteresse de Machéronte.

Cependant Hérode Antipas hésite encore.

Mais Jésus sait que le tétrarque corrompu, incestueux, donnera l'ordre de tuer.

« Je vous le dis, répète Jésus à ses apôtres, de ceux qui sont nés de femmes, il n'y a pas de plus grand que Jean le Baptiste, le précurseur. »

Mais Jean n'est pas fils de Dieu.

Le temps est venu pour celui-ci.

TROISIÈME PARTIE

« Il leur dit : "Pourquoi
êtes-vous craintifs, gens de peu de foi ?"
Alors il se leva, tança les vents
et la mer et un grand calme se fit.
Et les hommes étonnés disaient :
"Qui est-il, que même les
vents et la mer lui obéissent ?" »

Évangile selon saint Matthieu, VIII, 26-27

35.

Il est assis sur la rive du lac de Tibériade, à une centaine de pas des dernières maisons de Capharnaüm. Il replie ses genoux contre sa poitrine, les bras emprisonnant ses jambes.

Il voudrait rester seul ainsi, comme une boule de chair, de sang et de foi.

Il regarde le mouvement des eaux noires et argentées de ce lac qu'on nomme parfois mer de Galilée.

Lorsque les vents glissent le long des pentes du mont Thabor ou du Qorum Hattim, ils plongent dans cette cuvette, rageurs, hurlants. Ils creusent des sillons dans lesquels s'enfoncent les barques des pêcheurs, et la houle courte mais profonde déchire les filets, brise les nasses. Et souvent noie les hommes.

Il est le fils de Dieu.

Il devrait empêcher cela, mais il faudrait que les foules qui le suivent, qui le supplient de guérir les lépreux, les enfants et les paralytiques, les sourds et les aveugles, et de redresser le dos cassé des vieux, comprennent ce qu'il annonce, qui il est.

Et souvent il a le sentiment que ces hommes et ces femmes « le regardent sans le regarder, l'entendent sans l'entendre, ni le comprendre ».

Ils craignent la vérité qu'il dévoile, qu'il est le fils de Dieu, le Christ, le Messie, celui qu'annonçait Jean Baptiste. Mais le cœur du peuple s'est encrassé. Les hommes se sont faits durs d'oreille et se sont bouché les yeux de peur de voir et d'entendre, de comprendre avec leur cœur.

Il doit leur parler de manière à ouvrir leur esprit et leur cœur.

« J'ouvrirai ma bouche avec des paroles, murmure-t-il, je clamerai ce qui a été caché depuis la fondation du monde. »

La rumeur de la foule en marche le fait se redresser. Ils sont là des centaines, venus de Capharnaüm et de Bethsaïde, de toute la Galilée. Et il y a tous ceux, de plus en plus nombreux, qui arrivent de Judée et de Pérée, de Phénicie et des cités du Décapode.

Les douze apôtres s'interposent, maintiennent la foule à distance.

Jésus monte dans une barque qui va longer la plage où la foule se trouve, et il va prononcer les mots, les phrases qu'ils peuvent comprendre.

« Voilà que le semeur est sorti semer », commence-t-il.

Il parle des semences que les oiseaux ont dévorées, de celles qui ont séché, et enfin des dernières qui sont tombées dans la bonne terre et ont donné du fruit, celle-ci cent, celle-là soixante, celle-là trente.

« Entende qui a des oreilles ! » s'exclame-t-il.

« *Je suis la résurrection et la vie.* »

Les apôtres se sont rapprochés, puis se sont assis près de Jésus dans cette longue barque qui avance lentement.

« Pourquoi leur parles-tu en paraboles ? » dit l'un des apôtres.

Jésus tend le bras, montre la foule qui suit la barque en marchant le long du rivage.

« Il ne leur a pas été donné de connaître les mystères du règne des cieux », dit-il.

Il s'interrompt puis scande chaque mot :

« Car tu donneras à celui qui a et il aura en plus. Mais celui qui n'a pas on lui enlèvera même ce qu'il a. Chaque fois que quelqu'un entend la parole du règne sans la comprendre, le Mauvais vient et s'empare de ce qui a été semé dans son cœur, c'est-à-dire le long du chemin. »

Et s'ils ne comprennent pas, si le Mauvais s'empare d'eux, alors ils supplicieront le fils de Dieu.

Il le sait.

Il recommence à s'adresser à la foule alors que la nuit tombe, qu'ici et là sur la plage on allume des feux et des torches, mais le vent, fort déjà, courbe les flammes.

« Passons sur l'autre rive », dit Jésus.

Une petite flottille se rassemble, Jésus s'allonge à la poupe, s'endort indifférent au vent qui gronde et aux paquets de mer qui s'écrasent dans la barque et la remplissent.

On le réveille :

« Maître, tu ne te soucies pas que nous périssions ? »

Jésus se lève, va à la poupe, interpelle le vent, dit à la mer : « Tais-toi, assez ! »

Et tout à coup le vent cesse, la mer redevient ce miroir où se reflète la profondeur bleutée et constellée du ciel.

Jésus se rassied.

« Pourquoi êtes-vous si craintifs, gens de peu de foi ? » demande-t-il.

Les marins se rassemblent, le regardent avec effroi, murmurent :

« Qui est-il celui-ci, que même le vent et la mer lui obéissent ? »

36.

Jésus saute de la barque que les pêcheurs ont tirée sur la rive orientale du lac de Tibériade.

Il découvre ce paysage aride, qui annonce le désert, et en dépit des tourbillons de sable, il devine ces villes qu'il ne connaît pas ; Kursi, Hippos, au bord du lac, et éloignées de la mer de Galilée, déjà prisonnières des sables, Gadara et Gerasa.

En Galilée, on dit que ces hommes de l'autre rive de la mer sont des sauvages ou des fous habités par les démons.

Et Jésus sent bien que les apôtres le suivent avec réticence. Mais il n'y a pas de frontière pour le fils de Dieu, et il faut que tout homme, qu'il soit de Galilée ou du Décapole, sous le gouvernement d'Hérode Antipas ou de Philippe, entende la parole du Christ.

Il est le Christ et il marche à grandes enjambées, vers Gadara, indifférent au vent chargé de sable qui le frappe au visage.

Et tout à coup cet homme nu, qui gesticule et qui hurle, qui semble sorti de l'un des tombeaux du cimetière dans lequel il vit, et chaque fois qu'on a voulu l'enchaîner, il a brisé ses entraves et a bondi comme un animal, sautant par-dessus les tombes, dans sa nudité bestiale et provocante, se réfugiant dans une grotte ; et maintenant il est devant Jésus.

« Ne me tourmente pas », crie-t-il.

Il dit se nommer Légion, car c'est une vraie troupe de démons qui l'habite.

Et Jésus en se tournant aperçoit sur les pentes de la montagne un troupeau de cochons d'au moins deux mille têtes.

Ces animaux grouillent comme une vermine sur le corps. Jésus regarde l'homme.

Il faut que la légion de démons sorte de lui, trouve refuge dans ces cochons.

Et Jésus l'accomplit et les cochons guidés par les démons se précipitent dans les eaux du lac.

Les porchers effrayés s'enfuient, courent vers les villes, racontent ce qui s'est produit.

La foule se rassemble autour de Jésus et de l'homme qui, apaisé désormais, vêtu, parle calmement, comme s'il était devenu autre.

Et il est autre.

Il voudrait embarquer avec Jésus, le suivre.

« Va dans ta maison, dit Jésus, auprès des tiens, annonce-leur tout ce que le Seigneur t'a fait et qu'il a eu pitié de toi. »

Jésus le regarde s'éloigner, suivi par une partie de la foule qui ne se lasse pas d'entendre son récit.

« Je suis la résurrection et la vie. »

Jésus saute dans la barque. Il va regagner l'autre rive, Capharnaüm. Sa parole va désormais se répandre dans tout le Décapole.

Sa voix est une graine que le vent emporte, et qui peut germer là où la terre est fertile.

Et chaque homme est une parcelle qu'il faut labourer pour qu'elle soit prête à accueillir la graine.

« Je suis le semeur », dit Jésus, alors que la barque approche de la rive.

37.

Jésus voit la foule qui, venue de Capharnaüm et de Bethsaïde, l'attend sur la rive du lac.

Il est debout, à la proue, et quand les pêcheurs commencent à tirer la barque sur la grève, il ne saute pas aussitôt, comme si un doute le retenait.

Les hommes exigent toujours plus de lui. Derrière leurs supplications, il perçoit l'avidité, comme si on voulait se nourrir de lui, manger sa chair, boire son sang.

On cherche à le toucher, et il suffirait de peu pour qu'on le lacère.

Et plus encore il a l'impression qu'il ne peut retenir en lui cette force qui guérit. Cette puissance miraculeuse sort de lui et agit sans qu'il le veuille.

Il a soigné dans une synagogue le jour du sabbat, tout en sachant que les pharisiens allaient l'accuser de sacrilège et de blasphème.

Mais pouvait-il ne pas poser la main sur le dos de cette vieille femme qui se présentait cassée en deux, courbée depuis dix-huit ans et incapable de se redresser ?

« Je suis la résurrection et la vie. »

Il lui avait dit : « Te voilà quitte de ta maladie, délivrée de ton infirmité. »

Elle était sortie droite de la synagogue, cependant qu'il répondait à ces hypocrites, ces comédiens qui le condamnaient pour avoir soigné le jour du sabbat :

« Est-ce que chacun de vous pendant le sabbat ne délie pas de la mangeoire son bœuf ou son âne pour le mener boire ? Et elle, cette fille d'Abraham que Satan a liée voilà dix-huit ans, ne fallait-il pas la délier le jour du sabbat ? »

Avait-il vraiment décidé de guérir la vieille femme au dos courbé, ou bien n'avait-il fait qu'obéir à cette force intérieure, à cette voix qui le faisaient agir, parler, guérir ?

C'était Dieu en lui, dont il n'était que l'humble serviteur humain et cependant, plus que tous les autres hommes, fils de Dieu, et Dieu lui-même.

Mais il ne voulait pas penser cela.

Il devait annoncer, être le Christ, se soumettre à la force et à la voix.

Il saute sur la grève et marche au milieu de la foule, et déjà les mains se tendent vers lui, les supplications s'élèvent, un homme du nom de Jaïre, notable du conseil de la synagogue, se jette à ses pieds :

« Ma fille est à toute extrémité, dit-il, viens poser les mains sur elle pour qu'elle soit sauvée et qu'elle vive. »

Il serre entre ses bras les jambes de Jésus, qui l'aide à se relever.

« Va, va, va. »
Jaïre le guide, et la foule les suit.

Et tout à coup Jésus a le sentiment qu'on le tire en arrière, qu'on lui arrache une partie de son corps. Il est dénudé, affaibli, amputé.

Il s'arrête, se retourne.

« Qui est-ce qui a touché à mes vêtements ? » demande-t-il.

Il est sûr que quelqu'un a effleuré la houppe en fil de laine qu'il porte à chaque coin de son manteau. Elle représente les commandements de Dieu.

Les apôtres répondent :

« Tu vois la foule qui te serre et tu interroges : qui est-ce qui m'a touché ? »

Jésus dévisage chacun de ceux qui l'entourent, et brusquement une femme en pleurs se précipite vers lui, s'agenouille.

Voilà douze ans qu'elle a des écoulements de sang, dit-elle. Elle a beaucoup souffert de beaucoup de médecins, elle a dépensé tout son avoir, en vain. Le mal a même empiré, elle a pensé : « Si seulement je touche aux vêtements de Jésus, je serai sauvée. » Elle se nomme Véronique.

Elle l'a fait, et son sang a séché et elle sait qu'elle est guérie.

« Ma fille, dit Jésus, ta foi t'a sauvée. Va-t'en en paix et reste guérie de ta calamité. »

Il reprend sa marche aux côtés de Jaïre, qu'on interpelle :

« Ta fille est morte, pourquoi continues-tu encore à excéder le maître ? » lui lance-t-on.

« Je suis la résurrection et la vie. »

Il y a de la violence et de la méchanceté dans cette voix issue de la foule.

« Ne crains pas, Jaïre, aie foi seulement », dit Jésus.

Il est à nouveau plein de forces, et la voix intérieure l'incite à marcher plus vite :

« Va, va, va. »

Il se retourne. Il veut qu'on ne laisse entrer dans la maison que trois apôtres, Pierre, Jean et Jacques, les deux fils de Zébédée.

Dans la maison on pleure, on se lamente. Les femmes poussent des cris aigus.

Jésus lève le bras, impose le silence.

« Pourquoi ce tumulte ? » commence-t-il.

Il s'interrompt. « Va, va, va. »

« Pourquoi ces pleurs ? reprend-il d'une voix plus forte. L'enfant n'est pas morte, elle dort ! »

On se récrie. On rit de lui. Les grimaces hostiles déforment les visages.

Il écarte les bras, chasse ces gens de la maison, entre dans la chambre où repose l'enfant. Le père et la mère l'accompagnent ainsi que Pierre, Jean et Jacques.

Il saisit la main de l'enfant.

Il sent sous ses doigts battre le sang.

« Fillette, je te dis de te lever », murmure-t-il, penché vers elle.

Elle se redresse, elle marche, elle sourit entourée des siens qui, portant leurs mains au visage, s'extasient stupéfaits, comme écrasés par ce bonheur qu'ils n'imaginaient plus.

« Il faut nourrir cette fillette de douze ans », dit Jésus.

Puis il insiste auprès d'eux pour que personne ne sache ce qui vient de se produire.

Mais la foule est là devant la maison.

Jésus reconnaît au premier rang, Véronique, la femme dont le sang s'écoulait depuis dix-huit ans et qu'il a guérie.

Il passe près d'elle. Il lui effleure les cheveux.

Il pense à Marie, sa mère vierge.

À toutes les femmes si souvent humiliées et qui avancent dans la vie, courbées sous les tâches, sous les insultes, les violences.

Il doit délivrer les femmes des malédictions et des fautes dont on les accable, des infirmités qu'on leur inflige.

« Va, va, va. »

38.

Jésus regarde la foule qui ne le quitte plus, marchant à sa suite ou bien, la nuit, dressant des tentes, allumant des feux au pied de ces montagnes où Jésus aime à se retirer, seul souvent, ou bien en compagnie de ses douze apôtres.

Il les observe.
Le moment est venu de les mettre à l'épreuve. Qu'ils partent deux par deux, qu'ils aillent vers les « brebis perdues dans la maison d'Israël ».
« Ne prenez pas le chemin des nations, n'entrez pas dans une ville de Samaritains », précise-t-il.
Il va et vient parmi eux qui ont les yeux fixés sur lui.
« Soyez prudents comme des serpents et simples comme des colombes », leur recommande-t-il.
Il faut qu'ils le sachent.
« Je vous envoie comme des brebis au milieu des loups.
« Prenez garde aux hommes. »

On les livrera au sanhédrin, on les fouettera.
« Vous serez détestés de tous à cause de moi. »

Ils ne doivent donner aucun prétexte à la jalousie, à la haine.

« Ne possédez ni or, ni argent, ni monnaie dans vos ceintures. Pas de besace pour le chemin, ni de deuxième tunique, ni de chaussures, ni de bâton. »

Il leur faudra quitter les maisons et les villes hostiles. « Fuyez dans d'autres. »

Il voit bien que cette prudence ne satisfait pas tous les apôtres. Il faut qu'ils ne se méprennent pas. Il ne craint pas l'affrontement. Mais c'est en esprit. Et il ne cédera jamais quand la juste foi est en question.

« Je ne suis pas venu mettre la paix sur la terre, dit-il, je ne suis pas venu mettre la paix, mais le glaive. Car je suis venu diviser l'homme d'avec son père, la fille d'avec sa mère, la bru d'avec sa belle-mère. »

Ses apôtres mesurent-ils que la parole qu'ils vont porter ne peut être acceptée par ceux que le mensonge habite ?

Ils doivent être prêts à tous les sacrifices : « Qui aime père ou mère plus que moi n'est pas digne de moi », répète-t-il.

Ce qu'il leur dit dans les ténèbres, ils doivent le dire dans la lumière.

Et ce que vous entendez à l'oreille, proclamez-le sur les terrasses.

À ces conditions, ils pourront agir.

« Soignez les malades, faites lever les morts, purifiez les lépreux, chassez les démons. »

Les apôtres, debout, sont prêts à partir.

« Je suis la résurrection et la vie. »

« Qui trouve sa vie la perdra, dit Jésus, et qui perd sa vie à cause de moi la trouvera. »

Les jours suivants, il apprend par les rumeurs qui volent plus vite que la feuille poussée par le vent que les douze apôtres parcourent la Galilée et la Judée, qu'ils entrent et prêchent dans les cités et les villages, qu'ils soignent, et guérissent, et que le tétrarque Hérode Antipas s'inquiète de ces semeurs de paroles qui affirment parler au nom du fils de Dieu, le Messie, le Christ.

Le récit que font les apôtres à leur retour confirme ces rumeurs et Jésus ne se lasse pas de les écouter. Il les entraîne sur le plateau qui domine la ville de Bethsaïde.

Il voudrait que le silence les entoure, mais voici déjà que le sourd piétinement des foules en marche s'amplifie.

Elles sont là, pénétrant sur le plateau, et il doit répondre à leur attente, leur parler du règne de Dieu, et guérir les malades.

Elles écoutent, elles remercient, elles supplient, alors que le jour commence à baisser.

Tour à tour les apôtres viennent parler à Jésus.

« Nous sommes dans un lieu désert, disent-ils. Renvoie la foule, pour qu'en passant dans les bourgs et les campagnes à la ronde, ils trouvent à se loger et à se nourrir.

— Donnez-leur vous-mêmes à manger », répond Jésus comme s'il énonçait une évidence, avec une sorte d'indifférence.

Sa voix est apaisée et sereine.

Et les apôtres s'affolent. Ils n'ont que cinq pains et deux poissons. Devront-ils aller acheter de la nourriture pour tout ce peuple, peut-être cinq mille personnes ?

Jésus ne répond pas à leurs questions pressantes.

« Faites étendre les hommes par tablées d'environ cinquante », dit-il.

Les apôtres s'exécutèrent, ne quittant pas Jésus des yeux. Il prend les cinq pains et les deux poissons, et regardant vers le ciel, il les bénit, les brise, les donne aux apôtres en les chargeant de les distribuer à la foule.

Et le pain ne manque pas.

Et tous mangèrent et furent rassasiés, et on enleva douze corbeilles de leurs restes.

Il s'est assis sur un rocher, qui surplombe le plateau.

Les apôtres se sont rassemblés autour de lui.

« Qui dites-vous que je suis ? » leur demande-t-il.

Pierre s'approche :

« Le Christ de Dieu », murmure-t-il.

Jésus lève la tête. Le ciel est percé d'une myriade de constellations. Ces traînées lumineuses s'enfoncent dans la profondeur noire. Elles enveloppent la voûte céleste comme des voiles enrichis de pierreries.

« Il faut garder silence », dit Jésus à Pierre.

Le fils de l'homme va souffrir, être rejeté par les anciens, les grands prêtres, les scribes.

On le tuera.

Mais le troisième jour il se relèvera.

39.

Il a révélé ce qu'il pressent de son destin humain.

Il a besoin d'être seul, d'écouter la voix intérieure dans la solitude du désert.

Il dit à ses apôtres, de traverser le lac de Tibériade, d'embarquer sans lui qui les rejoindra.

Ils rechignent. Ils sont troublés. N'a-t-il pas annoncé sa mort et sa résurrection ?

Ils le regardent comme s'ils ne l'avaient jamais vu.

Ils n'ont pas compris la multiplication des pains. Il détient le pouvoir divin et il prédit sa mort ! Et cependant ils lui obéissent, et Jésus voit leur barque s'éloigner.

Il peut gagner la montagne, prier une partie de la nuit, mais quand il redescend vers le rivage, le vent est si puissant qu'il faut avancer courbé pour éviter d'être repoussé, renversé.

Il aperçoit au milieu de la mer la barque des apôtres, secouée, essayant en vain de gagner la rive.

« Va, va, va. »

Il entre dans la mer, marche sur la crête des vagues, s'approche de la barque, et les apôtres crient de terreur, et il veut les rassurer.

Les apôtres doutent de lui.

« Courage, c'est moi, ne vous effrayez pas. »

Une voix répond et Jésus reconnaît celle de Pierre :

« Seigneur si c'est toi ordonne-moi de venir au-devant de toi sur l'eau.

— Viens. »

Il voit Pierre enjamber le bastingage, et commencer à marcher sur l'eau.

Et tout à coup Pierre s'enfonce, crie : « Seigneur sauve-moi. »

Jésus lui tend la main, le tire vers la barque.

« Homme de peu de foi, pourquoi as-tu douté ? » dit-il à Pierre.

Ils montent dans le bateau et aussitôt le vent tombe.

Les apôtres et les marins se prosternent, murmurent d'une voix effrayée :

« Tu es vraiment le fils de Dieu. »

Ils se tiennent à distance, dans une attitude faite de respect et de crainte. Ils observent même Jésus avec un regard soupçonneux.

Lorsqu'on touche terre, la foule est déjà là. Elle a transporté sur leurs lits les mal portants. Elle suit Jésus. On veut toucher la frange de son manteau. On le supplie de poser la main sur les yeux des aveugles, les oreilles des sourds, les membres déformés des paralytiques.

Il guérit. Et pourtant, il agit sans y penser, comme si une poussière noire voilait son esprit et la voix intérieure, affaiblissait le souffle qui le traversait. Comme s'il était dans l'attente.

« Je suis la résurrection et la vie. »

Et voici que s'avancent des hommes qu'il reconnaît : ce sont les disciples de Jean le Baptiste. Ceux-là mêmes qui sont venus l'interroger au nom de leur maître.

Et ils disent :

« Nous avons mis le cadavre de Jean Baptiste au tombeau. »

Jésus s'assied la tête dans les mains.

C'était cela l'annonce qu'il attendait.

Il écoute le récit des disciples de Jean Baptiste, comme s'il voulait se remémorer des scènes dont il avait été le témoin.

Hérode Antipas avait hésité à faire trancher la tête à Jean le Prophète. Mais son épouse Hérodiade voulait sa mort. Jean le Baptiste ne l'avait-il pas accusée d'inceste, la condamnant pour avoir abandonné Philippe, son premier époux ?

Et lors d'un festin royal, la fille d'Hérodiade, Salomé, avait séduit Hérode Antipas.

« Tout ce que tu me demanderas, je te le donnerai, même la moitié de mon royaume », avait dit le tétrarque.

Salomé consulta sa mère, et répondit :

« Je veux qu'à l'instant tu me donnes sur un plateau la tête de Jean Baptiste. »

Le visage d'Hérode Antipas devint gris. Mais tous l'observaient. Il devait tenir sa promesse.

Et ainsi Jean Baptiste eut la tête tranchée.

Jésus n'a pas bougé.

Chaque geste, chaque phrase, chaque trait du visage de Jean Baptiste sont vivants en lui.

Mais Jean est mort pour lui.

Et maintenant, c'est lui, Jésus, qui est sur la route qui conduit à la mort.

« Hérode connaît ton nom, disent les disciples de Jean. Il n'ignore rien des miracles que tu accomplis, mais il dit : "Jean Baptiste s'est relevé d'entre les morts et c'est lui qui fait les miracles." »

Hérode Antipas est inquiet. Il affirme ainsi que Jean Baptiste est ressuscité, mais il peut aussi dire que les miracles sont l'œuvre d'un ancien prophète revenu sur terre.

Cependant, le plus souvent il murmure :

« J'ai fait moi-même décapiter Jean. Quel est donc celui dont j'entends dire de telles choses ? »

« Il cherche à te voir, dit un disciple de Jean à Jésus.

— Je le verrai avant la fin », dit Jésus.

QUATRIÈME PARTIE

« Il appela un enfant,
le plaça au milieu d'eux et dit :
"Oui, je vous le dis,
si vous ne vous retournez pas
et ne devenez pas comme des enfants,
vous n'entrerez pas
dans le royaume des cieux." »

Évangile selon saint Matthieu, XVIII, 2-3

40.

Jésus s'arrête à quelques centaines de pas de la porte des Brebis, qui s'ouvre dans les murailles de Jérusalem, au nord du Temple.

Il observe longuement ces troupeaux qu'on conduit au sacrifice, en ces jours de fête des premières moissons.

Les pèlerins qui passent ne le remarquent pas. Rien ne le distingue de l'un d'entre eux. Et il les a suivis depuis la Galilée, poussé par la nécessité intérieure de gagner une fois encore la Ville sainte.

Maintenant, en voyant ces brebis que les bergers poussent vers le Temple, il sait pourquoi il a parcouru ce chemin.

« L'heure vient. »

Il est cet « Agneau de Dieu », ainsi que l'avait nommé Jean le Baptiste, promis au sacrifice comme ces brebis.

On refusera de le reconnaître.

On ne voudra pas venir à lui pour avoir la vie.

On désirera le tuer.

On cherchera des prétextes pour exiger sa mort.

Ils diront qu'il a violé le sabbat.

Ils l'accuseront de prétendre qu'il est le fils de Dieu.

Il sera à la fois sacrilège, imposteur et blasphémateur.

L'heure vient de tout cela. Il le sait.

Il entre dans un grand bâtiment entouré de colonnades et situé au centre de ce nouveau quartier de Besatha, qui s'étend au-delà du fossé situé au nord de la ville. À l'intérieur de l'édifice, quatre portiques entourent une piscine, partagée par un cinquième portique.

L'atmosphère est lourde, humide. Des vapeurs grises s'étirent le long du sol.

Une foule d'infirmes, d'aveugles, de boiteux, de perclus, de paralytiques attend au bord de la piscine que l'eau bouillonne.

Et chacun croit que le premier d'entre ces malades qui entrera à ce moment-là dans le bouillonnement sera guéri.

On murmure que c'est un ange qui, par moments, descend dans la piscine et provoque ce bouillonnement guérisseur.

Jésus observe.

Ce vieil homme couché sur un grabat, et qui ne cherche même plus à atteindre l'eau le premier, est paralysé depuis dix-huit ans.

Jésus se penche.

« Veux-tu être guéri ? demande-t-il.

— Je n'ai personne pour me jeter dans la piscine quand l'eau a bouillonné, répond l'infirme, et pendant que je me traîne afin d'y parvenir, un autre descend avant moi.

— Lève-toi, dit Jésus, prends ton grabat et marche. »

Jésus recule de quelques pas, se mêle à la foule.

Le vieil homme s'est levé, a pris son grabat. Il gesticule de joie.

Les prêtres, les pharisiens l'interpellent :

« C'est le sabbat, tu n'as pas le droit d'enlever ton grabat. »

Il n'a fait qu'obéir, dit-il, à un homme qui l'a guéri.

Jésus recule encore, puis quand les pharisiens se sont éloignés, il s'approche de l'homme.

« Te voilà guéri, ne pèche plus. Il t'arriverait pire. »

Il suit l'homme des yeux et, sans surprise, il le voit se diriger vers les prêtres, le désigner. Il devine ses propos : « Voilà celui qui m'a guéri. »

Jésus attend les prêtres qui, la colère dans les yeux, se dirigent vers lui, cependant que le dénonciateur se perd dans la foule.

Tel est souvent l'homme, ingrat, traître, lâche, honteux.

Mais c'est pour cet homme qu'il doit souffrir.

On l'entoure. Qui est-il ?

Quelqu'un crie : « C'est Jésus de Nazareth ! »

Aussitôt on l'accable d'injures et de menaces.

On l'accuse de persévérer dans le sacrilège, de violer le sabbat.

Il lit dans leurs yeux le désir de le tuer, mais il n'éprouve aucune crainte.

« Oui, oui, je vous le dis, commence-t-il, le Fils ne peut rien faire de lui-même qu'il ne le voie faire au Père. Car le Fils fait ce que fait le Père. »

On crie à l'imposture. On le menace du poing.

Il reprend. Jamais sa voix n'a été aussi sereine.

« Oui, oui, je vous le dis, qui écoute ma parole et se fie à celui qui m'a envoyé, celui-là a la vie éternelle et il ne vient pas en jugement, mais il est passé de la mort à la vie. »

Il s'avance vers eux, et ceux qui l'accusaient reculent, baissent la tête.

« Car le Père a en lui la vie et il a donné au Fils d'avoir de même en soi la vie. Et il lui a donné pouvoir de juger parce qu'il est un fils d'homme. »

Il va franchir un nouveau pas.

« Ne vous étonnez pas, poursuit-il ; l'heure vient où tous ceux qui sont dans les tombeaux entendront sa voix et sortiront, ceux qui ont fait le bien pour une résurrection de vie, ceux qui ont pratiqué le mal pour une résurrection de jugement. »

On ne lui répond plus mais les yeux parlent pour les bouches et ils expriment la même haine et le même refus de savoir.

« Je ne peux rien faire de moi-même, continue-t-il. Je juge selon ce que j'entends et mon jugement est juste car je ne cherche pas ma volonté, mais la volonté de Celui qui m'a envoyé. »

Il leur tourne le dos, fait quelques pas, revient vers eux.

« Je vous connais, dit-il. Vous n'avez pas en vous l'amour de Dieu. Comment pourriez-vous avoir la foi, vous qui recevez votre gloire les uns des autres et ne cherchez pas la gloire qui vient du Seul ? »

Il s'éloigne de nouveau.

« Vous ne voulez pas venir à moi pour avoir la vie », leur lance-t-il.

On ne lui répond pas. On ne le poursuit pas. L'heure vient mais le temps n'est pas encore accompli.

Avant de quitter le bâtiment, il dit :

« Je ne reçois pas de gloire des hommes. »

41.

On le suit. On vient à sa rencontre.

Depuis qu'il a quitté le bâtiment aux cinq portiques, cette piscine de Besatha, qu'il marche vers la
Galilée, les foules l'accompagnent ou l'accueillent.

On tend vers lui les nouveau-nés malades, on
pousse et on porte les vieux grabataires, on guide les
aveugles. On le supplie de les guérir.

Et il le fait sans que jamais se tarisse cette source
de souffrance qu'est la vie humaine.

Il plonge le regard dans les yeux de ces hommes
et de ces femmes en proie à la douleur, qui n'efface
pas, au fond de leurs prunelles et de leurs âmes,
l'espérance.

Et pourtant, si rares parmi eux, ceux qui connaissent la loi !

Ni membres du sanhédrin, ni grands prêtres, ni
rabbins, si peu de puissants et de riches. Jamais de
chefs.

Jésus sait bien ce que pensent de ces foules ceux
qui détiennent le savoir, connaissent la loi, sont les
puissants au Temple, dans les synagogues, à la ville.

« Je suis la résurrection et la vie. »

Pour eux il s'agit d'une populace que l'imposteur, Jésus de Nazareth, veut soulever contre la loi.

Ces foules sont composées de « maudits », et Jésus, en semant sa parole sacrilège, allume l'incendie qui peut ravager tout le pays d'Israël.

Maudit soit celui qui parle à une armée de maudits !

Jésus ne s'étonne pas de la haine qu'il suscite.

Il connaît le sort qui a été réservé à Jean Baptiste.

Il dit à ceux des riches et des puissants, des prêtres, des pharisiens qui parfois acceptent de parler avec lui, et évoquent avec mépris ces « maudits », cette « populace » qui composent ses auditoires, ces foules qui le suivent :

« Lorsque Jean est venu à vous sur un chemin de justice, vous ne vous êtes pas fiés à lui. Les percepteurs et les prostituées, ceux que vous méprisez, ceux que vous maudissez, se sont fiés à lui, et vous, en voyant cela, vous ne vous êtes même pas repentis. Vous vous êtes obstinés, vous ne vous êtes pas fiés à lui. »

Il dit cela à Simon, un pharisien dont il a accepté l'invitation à partager le repas dans sa maison.

Pourquoi rejetterait-il un homme, au seul prétexte de sa condition ?

Il s'étend près de son hôte qui lui réserve un accueil courtois mais sans chaleur, ne se pliant même pas aux coutumes.

Simon n'a pas lavé les pieds de son invité, ne lui a pas donné le baiser de paix, ni oint les cheveux d'huile et de parfum. Le pharisien est mû plus par la curiosité distante et hautaine que par la sympathie, la bienveillance.

Et tout à coup, pendant le repas, une femme entre, comme l'usage l'y autorise, puisque les maisons sont ouvertes.

Mais le regard que lui lance Simon dit qu'elle n'est pas la bienvenue, que c'est la pécheresse, la femme à la vie dissolue que tout le monde connaît, méprise, et qui hante les rêves de débauche.

Elle s'agenouille devant Jésus. Elle porte un vase d'albâtre plein de parfums.

Elle commence à lui arroser les pieds de ses larmes et elle les essuie avec ses longs cheveux qu'elle a dénoués. Elle lui baise les pieds et les oint de parfums.

Jésus sait qui elle est, et il devine ce que pense le pharisien dont tout le visage dit la réprobation.

« Simon, j'ai quelque chose à te raconter, murmure Jésus.

— Parle, maître.

— Un créancier avait deux débiteurs, commence Jésus. L'un devait le salaire de cinq cents journées de travail, l'autre de cinquante. Comme ils n'avaient pas de quoi les rendre, leur créancier leur fit grâce à tous deux. Lequel donc l'aimera le plus ?

— Je suppose que c'est celui à qui il a fait grâce de plus, dit Simon.

— Tu as jugé correctement. »

« Je suis la résurrection et la vie. »

Jésus se tourne vers la femme toujours agenouillée.

« Tu vois cette femme, Simon ? Je suis entré dans ta maison et tu ne m'as pas donné d'eau pour les pieds, mais elle a arrosé mes pieds de ses larmes et les a essuyés avec ses cheveux. Tu ne m'as pas donné de baiser, mais elle n'a pas cessé de me baiser les pieds. Tu ne m'as pas oint la tête d'huile, mais elle m'a oint les pieds de parfums. »

Il s'interrompt, invite la femme à se redresser.

« Grâce à cela, je te le dis, beaucoup de péchés lui sont remis, car elle a beaucoup aimé.

« Tes péchés te sont remis, dit-il à la femme. Ta foi t'a sauvée. Va en paix. »

Il la suit des yeux.

Cette femme, il sait qu'il la retrouvera quand l'heure sera venue. Il murmure, tourné vers Simon, mais celui-ci paraît ne pas vouloir entendre :

« Celui à qui on remet peu aime peu.

« Cette femme a montré de l'amour, c'est pourquoi ses péchés lui sont pardonnés. »

Mais si peu nombreux sont parmi les hommes ceux qui savent aimer.

42.

Aimer.

Ce petit mot, Jésus le sent grandir en lui jusqu'à envahir tout son corps, toute son âme, alors qu'en compagnie de ses apôtres il marche dans la province de Tyr et de Sidon, cette Phénicie païenne.

Ici on n'est plus en terre d'Israël. Une femme, les bras levés au-dessus de la tête, crie, supplie Jésus. Ce n'est point une brebis égarée qu'il faut ramener au bercail, mais une païenne.

Et les apôtres s'approchent de Jésus. Ils disent tous :

« Renvoie-la car elle crie derrière nous. »

Il entend la voix éplorée de la femme.

« Aie pitié de moi, Seigneur, fils de David, aide-moi, ma fille est possédée d'un mauvais démon.

— Renvoie-la », répètent les apôtres.

Aimer l'homme et la femme, quels qu'ils soient et d'où qu'ils viennent.

La femme se prosterne devant lui et dit :

« Seigneur, secours-moi !

— Je n'ai été envoyé qu'aux brebis perdues de la maison d'Israël, dit-il.

« Je suis la résurrection et la vie. »

— Secours-moi, Seigneur. »

Aimer.

Ce mot résonne, et son écho se répète indéfiniment. Mais Jésus dit encore, parce qu'il veut éprouver la foi de cette femme :

« Ce n'est pas bien de prendre le pain des enfants et de le jeter aux petits chiens. »

Elle se redresse, les yeux si brillants de certitude qu'ils emportent tous les doutes.

« Si, Seigneur, dit-elle, car les petits chiens mangent des miettes qui tombent de la table de leurs seigneurs. »

Aimer.

« Ô femme, ta foi est grande, dit Jésus. Qu'il te soit fait comme tu veux. »

Et les démons, à cet instant, Jésus le sent, le sait, sont chassés du corps de la fille de cette païenne.

Aimer.

Les foules entendent l'écho de ce mot.

Elles sont de plus en plus nombreuses. Et c'est toujours le même cortège de malades, qu'on « rejette » à ses pieds, comme pour s'en débarrasser et le charger de les guérir, et lorsque les boiteux se mettent à marcher et les aveugles à voir, les sourds à entendre, on crie « Gloire à Dieu », ou bien « Gloire au fils de Dieu, au Christ. »

Mais ils sont démunis, sans nourriture, comme s'ils attendaient tout de lui.

Jésus appelle ses apôtres :

« Cette foule m'émeut, dit-il. Voilà déjà trois jours qu'ils restent avec moi et ils n'ont pas de quoi manger. Je ne veux pas les renvoyer à jeun, de peur qu'ils ne défaillent en chemin. »

Mais selon les apôtres, il n'y a pour toute nourriture que sept pains et quelques petits poissons.

« Va, va, va. »

Jésus ordonne à la foule de s'étendre par terre.

Il prend les sept pains et les poissons et, rendant grâces, il les rompt, les donne à ses apôtres, à charge pour eux de les distribuer.

Ils ne doutent plus de son pouvoir, ils se souviennent de la première multiplication des pains.

Et de nouveau tous ceux qui avaient faim mangèrent et furent rassasiés. Ils étaient quatre mille hommes, sans compter femmes et enfants. Et on enleva sept paniers remplis de restes !

Alors Jésus peut renvoyer les foules, et se rendre dans le territoire de Magdala, au bord du lac de Tibériade.

Et de nouveaux rassemblements de femmes et d'hommes l'attendent.

Parmi eux il y a désormais les disciples de Jean Baptiste qui, après la mort de leur prophète, se sont tournés vers l'« Agneau de Dieu », le Christ.

Ils sont parmi les plus impatients. Ils rêvent non seulement du royaume de Dieu, mais encore d'un Christ couronné roi sur cette terre, seigneur du royaume d'Israël, enfin libéré de ses occupants romains et de ses grands prêtres, riches, puissants, avides et complices de l'occupant étranger et païen.

« Je suis la résurrection et la vie. »

Mais Jésus n'est pas homme au milieu des hommes pour se soumettre à ces projets humains.

« Certains d'entre vous n'ont pas foi, dit-il. Personne ne peut venir à moi à moins que ce ne lui soit donné par le Père. »

Et certains qui dans la foule se proclamaient ses disciples se retirent, cessent de l'accompagner. Ceux-là voulaient la révolte et la royauté sur terre, et non le royaume des cieux.

Il interpelle les douze apôtres :

« Voulez-vous partir aussi ? »

Ils se récrient :

« Seigneur, à qui irons-nous ? dit Pierre. Tu as des paroles de vie éternelle. Nous avons foi et nous savons que tu es le saint de Dieu, le Christ. »

Mais Jésus doit les avertir une nouvelle fois, leur annoncer qu'il souffrira, que les puissants le condamneront, qu'il sera tué, et qu'il se relèvera le troisième jour.

Il voit le désarroi de Pierre, il entend le refus de cet apôtre.

« Heureusement ce ne sera pas pour toi », dit Pierre.

Et Jésus s'écrie, le bras tendu vers Pierre :

« Va-t'en de moi, Satan, tu m'es un scandale, car tu ne regardes pas vers Dieu, mais vers les hommes. »

Il s'écarte de ses apôtres.

« Je vous ai choisis, vous les douze, dit-il. Et l'un de vous est un diable. »

Il mesure leur désarroi. Mais il faut que ses apôtres sachent :

« Oui, oui, je vous le dis, si vous ne mangez la chair du fils de l'homme et ne buvez son sang, vous n'avez pas de vie en vous.

« Je suis le pain vivant qui descend du ciel. »

43.

Jésus observe ses apôtres qui se tiennent au premier rang de la foule.

À la manière dont Pierre ou Judas, Philippe ou Matthieu, et chacun des autres détournent leurs yeux, baissent la tête, lorsqu'il dit qu'il faut se nourrir de sa chair et de son sang, il devine leurs hésitations et leur désarroi.

Ceux-là, qu'il a pourtant choisis, sont hommes, faibles et lâches, même s'il sait que leur foi est pure, et qu'il a répété à Pierre : « Sur cette roche, je bâtirai mon église. »

Mais l'heure vient de la haine, et déjà dans la foule il voit des poings se lever, il entend des cris de colère jaillir. Il sait que certains le quittent.

Oui, l'heure vient et il a besoin de la fidélité inébranlable de ses apôtres.

Or ils doutent encore.

Chaque fois, ils s'inquiètent du manque de pain pour nourrir les foules.

Jésus les a interpellés :

« Hommes de peu de foi, êtes-vous donc sans intelligence ? Pourquoi raisonnez-vous en vous-mêmes que vous n'avez pas de pain ? Vous ne comprenez pas encore ? Vous ne vous souvenez pas des cinq pains aux cinq mille hommes et combien de corbeilles vous avez emportées ? Ni des sept pains aux quatre mille et combien de pains vous avez emportés ? Comment ne comprenez-vous pas ? Ce n'est pas à propos de pain que je vous ai dit : prenez garde à la levure des pharisiens et des sadducéens. »

À cet instant seulement, ils découvrent que Jésus parlait non de « levure », mais de l'« enseignement » des pharisiens et des sadducéens !

Mais ce sont pourtant ces hommes-là qui seront à ses côtés lorsque l'heure viendra.

Il sera donc seul, face à la mort, comme un homme quelconque et peut-être même, comme lui, il doutera, et ce sera l'épreuve suprême que chaque homme doit affronter.

Il se dirige vers Pierre, et les fils de Zébédée, Jean et Jacques. Ils sont les clés de voûte et pierres d'angle de l'Église à venir.

Ceux-là survivront à sa mort, ils seront les témoins qui diront ce qu'ils ont vu. Ils ne se renieront pas, même soumis aux supplices.

Il demande à ces trois apôtres de le suivre, et avec eux, dont il entend la respiration haletante, il commence à gravir les pentes raides du mont Hermon, dont la cime enneigée se perd dans les nuages.

Lorsqu'ils sont parvenus à la limite des nuages, quand ceux-ci s'effilochent le long du sol, Jésus commence à prier, et Pierre, Jean et Jacques s'agenouillent près de lui.

« Je suis la résurrection et la vie. »

Il faut que de leurs yeux, ils le voient non plus seulement comme le Christ, mais comme le Fils bien-aimé.

« Va, va, va. »

Jésus apparaît transfiguré.

Sa face brille comme le soleil, ses vêtements sont blancs comme la lumière. Et voici qu'il parle avec les prophètes, Moïse et Élie.

Ils évoquent la mort qui doit s'accomplir à Jérusalem.

Pierre s'écrie, s'adressant à Jésus :

« Seigneur, il est bon d'être ici, si tu veux, je fais faire trois abris, un pour toi, un pour Moïse et un pour Élie. »

« Va, va, va. »

Une nuée lumineuse les couvre, et une voix dit :

« Celui-ci est mon fils, le Bien-Aimé dont je suis content. Écoutez-le. »

Les apôtres, pris de frayeur, se prosternent face contre terre et quand ils ouvrent les yeux, ils ne voient que Jésus, seul, devant eux.

Jésus s'approche, les touche, leur dit :

« Relevez-vous et ne vous effrayez pas. »

Jésus commence à descendre de la montagne, vers les plateaux et la plaine.

Au loin dans la brume, on devine les terrasses des maisons de la ville de Césarée de Philippe, et au-delà la vallée du Jourdain et ses petits lacs en chapelet, conduisant à la mer de Galilée.

Jésus s'arrête, se tourne vers les trois apôtres qui peinent à le suivre car il paraît voler au-dessus des pierres.

« Ne parlez de cette vision à personne, jusqu'à ce que le fils de l'homme se relève d'entre les morts », dit-il.

Il continue de leur parler, leur rappelant la mort de Jean Baptiste et comment lui-même sera livré aux mains des hommes, et ils le tueront. Et le troisième jour il se relèvera.

Il les voit attristés, de nouveau saisis par l'inquiétude et le doute.

Hommes, seulement hommes.

Et tout à coup, dès les plateaux, voici la foule, et un homme qui s'approche, se jette à genoux devant Jésus, crie :

« Seigneur, aie pitié de mon fils qui est épileptique, il va mal, souvent il tombe dans le feu et souvent dans l'eau. Je l'ai présenté à tes disciples et ils n'ont pas pu le guérir. »

Jésus s'emporte, lève le bras, semble vouloir en frapper les apôtres.

« Ô génération mécréante et perverse, lance-t-il, jusqu'à quand serai-je avec vous ? Jusqu'à quand vous supporterai-je ? Amenez-moi l'enfant ici ! »

Et il chasse du corps du garçon le démon.

Et quand les apôtres s'étonnent :

« Pourquoi nous n'avons pas pu le chasser ? »

Il répond :

« À cause de votre peu de foi. Car oui, je vous le dis, si vous aviez de la foi gros comme une graine de moutarde des champs, vous diriez à cette montagne :

va de là à là, et elle irait ; et rien ne vous serait impossible, mais cette force-là ne sort qu'à force de prière et de jeûne. »

Comprendront-ils ces hommes qu'il a choisis, qui l'écoutent dans la maison de Capharnaüm, où ils sont assis en cercle autour de lui, qui l'interrogent :
« Qui donc est le plus grand dans le royaume des cieux ? » demandent-ils.
Il appelle un enfant, le place au milieu d'eux.
« Oui je vous le dis, si vous ne vous retournez pas et ne devenez pas comme les enfants, vous n'entrerez pas dans le royaume des cieux. Celui donc qui s'abaissera comme cet enfant, c'est lui le plus grand dans le règne des cieux. Et qui accueille un tel enfant en mon nom m'accueille. Mais quiconque scandalise un seul de ces petits enfants qui se fient à moi, il vaut mieux pour lui qu'on lui suspende au cou une meule à âne et qu'on le noie au fond de la mer. »
Malheur au monde pour ses scandales. Car il faut qu'il y ait des scandales, mais malheur à l'homme par qui le scandale arrive.

Et Jésus sait qu'il est pour les gens de peu de foi, cet homme-là.

CINQUIÈME PARTIE

« Et les gardes revinrent
vers les grands prêtres et les pharisiens.
Ceux-ci leur dirent :
"Pourquoi ne l'avez-vous pas amené ?"
Les gardes répondirent :
"Jamais homme n'a parlé
comme cet homme." »

Évangile selon saint Jean, VII, 45-46

44.

Jésus s'arrête au milieu de la colline.

Devant lui s'étend sous la brume automnale la terre de Judée, rude, sèche, semée de pierres aiguës.

À l'horizon, il devine les murs de Jérusalem.

Il se retourne.

Au bout de son regard, dans la nuit déjà tombée, il y a les collines de Galilée.

On a rentré les moissons. Les vendanges sont achevées.

Les paysans, les bergers se sont mis en route. Ce sont eux qui passent sur ce chemin qui serpente au flanc de la colline. Les mules et les ânes sont chargés de branchages de pin, d'olivier, de palmier.

Jésus les observe. Ces pèlerins sont joyeux. Les récoltes ont été généreuses. Les champs sont nus comme une table desservie et nettoyée, prête pour recevoir de nouveaux plats.

Mais d'abord on va célébrer à Jérusalem la fête des tabernacles, ces tentes faites de branchages qu'on va dresser dans toute la ville.

On va sacrifier une brebis le matin et une autre le soir, prier au Temple et écouter les grands prêtres.

On va boire et danser.

Il sera temps dans quelques jours, de caresser à nouveau la terre, de préparer la saison prochaine.

Et l'on va crier, au moment des sacrifices, quand le sang se répand et coule à flots : « Gloire à Dieu. »

Jésus laisse la nuit s'épaissir.

Il ne reverra plus la Galilée. Il doit se rendre à Jérusalem. Il a hésité. Il a tardé. Il sait que l'heure vient, que c'est là qu'il mourra, mais il ne veut pas forcer la marche du temps.

Les apôtres, les disciples ont avec impatience insisté pour qu'il se mette en route, comme s'ils voulaient qu'il meure au plus vite.

« Pars d'ici, va en Judée, ont-ils répété. Que tes disciples voient les œuvres que tu fais. Car personne n'agit en secret s'il cherche à être franc. Puisque tu fais ces œuvres, manifeste-toi au monde. »

Ils ont hâte de le voir triompher, et d'être ainsi, eux aussi baignés de lumière.

Ils n'imaginent pas la mort qui vient.

Jésus leur a répondu :

« Mon instant n'est pas encore là, mais le vôtre est toujours prêt. Le monde ne peut vous haïr, mais il me hait parce que j'atteste que ses œuvres sont mauvaises. »

Et comme ils insistaient, parlant haut et fort, comme s'ils avaient été ses maîtres, il a ajouté :

« Montez à la fête, moi je ne monte pas à cette fête parce que mon instant n'est pas encore atteint. »

Ils sont partis.

« *Je suis la résurrection et la vie.* »

Et c'est alors seulement qu'il s'est mis en route seul ; pour ne pas attirer les regards, ne pas susciter, à son arrivée, la curiosité, la haine ou l'attente.

Car il sait bien que les pèlerins venus de Galilée, de Tyr et de Sidon, en Phénicie, ou de Césarée de Philippe, doivent raconter ce qu'ils ont vu, rapporter les rumeurs qui le concernent. Il veut arriver comme un humble pèlerin, la tête couverte, les vêtements blanchis de poussière, les pieds maculés dans les sandales.

Il veut n'être qu'un homme quelconque dans la foule. Elle le découvrira quand il s'adressera à elle.

Et ce moment viendra, et ce sera celui de sa mort.

Car un prophète ne peut périr hors de Jérusalem.

Voici la ville grouillante d'une foule exubérante.

Le murmure des prières se mêle aux bêlements des brebis qu'on égorge.

Jésus murmure :

« Jérusalem, Jérusalem qui tues les prophètes et qui lapides ceux qui te sont envoyés. »

45.

Jésus est allongé aux côtés de ses apôtres, dans le tabernacle de branchages qu'ils ont construit, sur le mont des Oliviers, hors les murs de Jérusalem, au-delà de la vallée du Cédron. Il écoute les bruits de la fête, les sonneries des trompettes, les chants, les prières, les cris des animaux sacrifiés. Il regarde le Temple illuminé, les feux scintillants des milliers de torches des pèlerins qui vont prier sur le parvis.

Les apôtres vont de la tente à la ville, participent aux célébrations, rapportent les propos entendus.

« On te cherche, maître, répètent-ils. Partout on entend la question : Où est-il ? »

Certains ajoutent que les Juifs s'interrogent.

Les uns assurent que Jésus est un homme de bien, et les autres répondent qu'il égare la foule, qu'il n'est qu'un magicien, un imposteur, qui ne respecte pas le sabbat, s'attable avec des publicains, flatte les païens, et se laisse aimer, oindre et caresser par les prostituées.

« Voilà ce qu'on dit. »

Jésus se lève.

« Je suis la résurrection et la vie. »

« Va, va, va. »
Il doit parler.

Il se rend sous les portiques du Temple et aussitôt on s'assemble autour de lui, on l'interpelle, on l'écoute, on s'étonne de son savoir. Une voix lance :

« Comment sais-tu les lettres sans avoir appris ?

— Ma doctrine n'est pas de moi mais de Celui qui m'a envoyé, dit-il. Qui parle de soi-même cherche sa propre gloire, mais qui cherche la gloire de Celui qui l'a envoyé est vrai et il n'y a pas d'injustice en lui. »

Le ton monte. On l'accuse de ne pas respecter le sabbat.

« Moïse vous a donné la circoncision et vous la faites pendant le sabbat. »

On tend le poing, on l'interrompt.

« Pourquoi cherchez-vous à me tuer ? lance-t-il.

— Tu as un démon en toi, crie la foule. Qui cherche à te tuer ?

— Vous êtes tous étonnés d'une œuvre que j'ai faite, répond Jésus. Ne jugez pas d'après l'apparence ! Jugez avec justice ! »

Il sent les hésitations de la foule. Elle s'étonne que cet homme qui prétend qu'on veut le tuer puisse parler librement sous les portiques du Temple.

Peut-être est-il vraiment le Christ ? Mais peut-on être le Christ quand on arrive de Galilée, qu'on est ce Jésus de Nazareth ? Quand le Christ vient, personne ne sait d'où il est !

Jésus crie :

225

« Oui vous me connaissez, oui vous savez d'où je suis, mais je ne suis pas venu de moi-même ! Véritable est Celui qui m'a envoyé et vous ne Le connaissez pas ! Moi je Le connais parce que je viens de Lui et c'est Lui qui m'a envoyé ! »

Il remarque, dans la foule, des gardes du sanhédrin. Ceux-là ne sont pas venus pour l'entendre mais pour se saisir de lui.

« Je ne suis plus longtemps avec vous, dit Jésus. Je m'en irai vers Celui qui m'a envoyé. Vous me chercherez et vous ne me trouverez pas, car vous ne pouvez venir où je suis ! »

Mais l'heure n'est pas venue. Les gardes du sanhédrin, au lieu de l'empoigner, l'écoutent !

Il dit :

« Si quelqu'un a soif qu'il vienne à moi, que boive celui qui se fie à moi. Comme dit l'Écriture, des fleuves d'eau vive couleront de son sein. »

Et, debout, le bras tendu vers le Temple illuminé, il s'écrie :

« Je suis la lumière du monde ! Qui me suit ne marchera pas dans les ténèbres mais il aura la lumière de la vie. »

Aux mouvements de la foule, il sait qu'il la divise.

Il est le Christ, disent les uns.

Est-ce que le Christ vient de Galilée ? rétorquent les autres. Et ils ricanent. Est-ce que l'Écriture ne dit pas que le Christ vient de la semence de David et du village de Bethléem d'où était David ?

« Je suis la résurrection et la vie. »

Jésus observe, attend.

Pas un des gardes du sanhédrin ne s'approche de lui. Bientôt la foule se disperse et il peut rentrer librement, entouré de ses apôtres, au tabernacle du mont des Oliviers.

Les pharisiens, les grands prêtres n'ont pas été obéis par leurs gardes.

On rapporte qu'ils se sont emportés contre ces hommes d'armes, qui ont failli.

« Pourquoi ne l'avez-vous pas amené ? demandent-ils.

— Jamais homme n'a parlé comme cet homme », ont répondu les gardes.

Jésus ferme les yeux.

Demain, au point du jour, il retournera au Temple.

46.

Jésus s'est assis sous les portiques du Temple et déjà la foule l'entoure.

Au premier rang il reconnaît des pharisiens, des gardes du sanhédrin, des prêtres, des scribes.

On se pousse de l'épaule pour mieux le voir, et parfois on crache dans sa direction.

Il est serein. Il parle à voix basse.

À ceux qui lancent :

« Tu témoignes de toi, ton témoignage n'est pas vrai. »

Il répond :

« Bien que je témoigne de moi, mon témoignage est vrai parce que je sais d'où je suis venu et où je vais, mais vous ne savez ni d'où je viens ni où je vais ! Il est écrit dans votre loi que le témoignage de deux hommes est vrai. Je témoigne de moi, et le Père qui m'a envoyé témoigne de moi. »

Au premier rang, on grommelle, on l'insulte, il les défie :

« Vous êtes d'en bas, moi je suis d'en haut. Vous êtes de ce monde, moi je ne suis pas de ce monde. »

« Je suis la résurrection et la vie. »

Brusquement, les rangs de la foule s'ouvrent, et au milieu des bousculades, des insultes, on malmène une femme aux vêtements lacérés, on la pousse vers Jésus et elle tombe agenouillée.

« Maître, crie quelqu'un, cette femme a été surprise en flagrant adultère. Dans la loi, Moïse nous ordonne de lapider ces femmes-là ! Alors toi, que décides-tu ? »

C'est un piège qu'on lui tend.

Il baisse la tête, il trace des signes dans le sable, comme s'il écrivait, mettant au point sa pensée.

Il ne peut ni rejeter la loi de Moïse ni accepter qu'on sacrifie cette femme, qu'il ne regarde pas mais dont il entend les sanglots, la respiration haletante.

Elle se sait promise au sacrifice et, déjà, certains ramassent des pierres acérées pour frapper les premiers.

Et de la foule les cris d'impatience se multiplient :

« Alors toi, maître, que dis-tu ? »

Il se redresse.

La femme est à ses pieds, recroquevillée.

« Que celui de vous qui est sans péché lui jette la première pierre », dit-il.

Puis il se courbe de nouveau, recommence à écrire dans le sable.

Il suffirait d'un seul qui jetterait sa pierre pour que toute la foule l'imite, et que le sable soit gorgé de sang.

Mais le silence s'établit. La foule se disperse. Et les plus déterminés à lapider la femme partent les premiers. Jésus est seul avec elle.

« Femme, regarde, murmure-t-il, où sont-ils ? Personne ne t'a condamnée ! »

Elle demeure tête baissée, le visage dissimulé par ses cheveux.

« Personne, Seigneur. »

Il tend la main, lui effleure l'épaule.

« Moi non plus, je ne te condamne pas. Va, et maintenant ne pèche plus. »

Peu à peu, la foule revient, l'entoure de nouveau, le questionne :

« Qui es-tu ?

— Faut-il même que je vous parle ? commence-t-il. J'ai beaucoup à dire sur vous et à juger. Je dis ce que le Père m'a enseigné. Et Celui qui m'a envoyé est avec moi. Il ne m'a pas laissé seul car je fais toujours ce qui Lui plaît. »

Certains l'approuvent, d'autres s'insurgent.

« Notre père est Abraham, disent-ils. Tu es un Samaritain, tu as le démon en toi.

— Non, non, je n'ai pas de démon, mais j'honore mon père et vous m'insultez. Si quelqu'un garde ma parole, il ne verra jamais la mort ! »

Des cris de colère, des insultes, des menaces fusent :

« Maintenant nous savons que tu as un démon. Abraham est mort, les prophètes aussi et tu dis : si quelqu'un goûte ma parole, il ne goûtera jamais la mort. Est-ce que tu es plus grand que notre père Abraham qui est mort ? Qui te prétends-tu ? »

Jésus hésite.

« Va, va, va. »

« Je suis la résurrection et la vie. »

« Abraham votre père a exulté à l'idée de voir mon jour, dit-il. Et il l'a vu et il s'est réjoui. »
On ricane, on l'injurie.

« Tu n'as pas encore cinquante ans et tu as vu Abraham ?
— Oui, oui, je vous le dis, avant qu'Abraham ait existé, je suis ! »
Ils hurlent de rage et de mépris. Ils ramassent les pierres, celles-là mêmes que la foule destinait à la femme adultère. Les premières commencent à tomber.
Jésus se lève, se cache derrière les colonnes des portiques. Il n'est plus bientôt qu'un pèlerin dans la cohue de ceux qui attendent le sacrifice de leur brebis.
Et l'odeur de sang tiède déjà recouvre le parvis.

47.

Il le sait, ce sang des sacrifices qui coule à Jérusalem, un jour, bientôt, sera le sien.

Il s'arrête sous ce portique du Temple devant un homme assis, les genoux repliés, sa main de mendiant tendue, et les yeux clos qui jamais ne se sont ouverts.

Les apôtres s'interrogent :

« Est-ce cet homme qui a péché ou ses parents, pour qu'il soit né aveugle ? » demandent-ils.

Cet homme est là, explique Jésus, pour que se manifestent en lui les œuvres de Dieu.

« Tant que je suis dans le monde, je suis la lumière du monde », murmure-t-il.

« Va, va, va. »

Il crache par terre, il fait de la boue avec sa salive, et met cette boue sur les yeux de l'aveugle de naissance.

Il l'aide à se lever. Il lui dit d'aller se laver là, dans cette piscine où arrive l'eau de Siloe, dont la source est dans la vallée du Cédron. C'est cette eau que pen-

« Je suis la résurrection et la vie. »

dant la fête des tabernacles les grands prêtres viennent puiser avec un roseau d'or.

Il regarde l'homme s'éloigner, tenu par des proches.

Et Jésus entend les prêtres condamner cet homme pour avoir accepté d'être soigné, un jour de sabbat, par l'imposteur venu de Galilée.

Et l'homme répond ses yeux grands ouverts :

« Je ne sais si ce Jésus de Nazareth est pécheur, ce que je sais, c'est que j'étais aveugle et que maintenant je vois. »

Mais ils ne l'écoutent pas.

Ils n'ont pas entendu Nicodème, quand ce membre du Grand Conseil, ayant appris qu'on avait voulu lapider Jésus, avait dit : « Notre loi juge-t-elle un homme avant de l'entendre et de savoir ce qu'il fait ? »

Les pharisiens, les prêtres, les scribes avaient en ricanant demandé à Nicodème s'il était lui aussi de Galilée.

Et maintenant ils insultent l'aveugle, l'accusant d'être le disciple de ce Jésus de Nazareth, et cela vaut excommunication. Et ils le jettent dehors.

Jésus va à sa rencontre.

L'homme titube comme s'il était ivre de voir. Et lorsque Jésus se fait reconnaître comme étant l'auteur du miracle, l'homme se prosterne devant lui.

Des pharisiens l'entourent. Ils entendent Jésus dire :

« Je suis venu en ce monde pour un jugement, pour que ceux qui ne voient pas voient, et que ceux qui voient soient aveugles.

— Sommes-nous aussi des aveugles ? » s'indignent les pharisiens.

Jésus en s'éloignant leur lance :

« Si vous étiez aveugles, vous n'auriez pas de péché, mais puisque vous dites "nous voyons", votre péché demeure. »

Il murmure aux apôtres qui marchent à ses côtés, vers ce mont des Oliviers, où ils ont bâti leur refuge :

« Tant qu'il fait jour nous devons travailler aux œuvres de Celui qui m'a envoyé. Car la nuit vient où personne ne peut travailler. »

48.

La nuit n'est pas encore tombée et Jésus veut que ce temps qui lui reste, ce jour qui se prolonge soient ceux de semailles répétées, de labours profonds et de nouvelles moissons. Il faut des laboureurs, des semeurs, des moissonneurs plus nombreux, car ce ne sont pas les douze apôtres qui peuvent à eux seuls parcourir toute la Judée, eux qui sont, il le répète, « comme des agneaux au milieu des loups ».

« Si peu d'ouvriers ! » s'exclame-t-il.

Il faut six fois douze apôtres, soixante-douze prêcheurs, sans bourse, ni besace, ni chaussures.

Il faut qu'ils soignent les malades, qu'ils disent : « Le règne de Dieu approche. »

Jésus lance d'une voix forte, en scandant chaque mot :

« Qui vous écoute m'écoute, et qui vous rejette me rejette, mais qui me rejette rejette Celui qui m'a envoyé... »

Certains, parmi les quelques centaines de fidèles qui se pressent autour de lui, s'avancent, le sollicitent, veulent être l'un de ces soixante-douze, qui vont semer dans toute la Judée, avec les apôtres.

L'un d'eux dit :

« Je te suivrai où que tu ailles. »

Jésus le dévisage. Sait-il, cet homme-là, ce qu'il va devoir endurer ?

« Les renards ont des tanières, répond-il, les oiseaux du ciel des nids, et le fils de l'homme n'a pas où reposer la tête. »

Un autre s'avance.

« Suis-moi, dit Jésus.

— Permets-moi d'abord d'aller ensevelir mon père.

— Laisse les morts ensevelir les morts et toi, va annoncer le royaume de Dieu ! »

Les disciples doivent être prêts à accepter toutes les souffrances.

Ils doivent se consumer chair et esprit dans l'amour de Dieu, qui est dévouement au Fils.

« Je te suivrai, Seigneur, dit un troisième, mais permets-moi d'abord de faire mes adieux à ceux de ma maison ! »

Jésus le fixe, le visage sévère.

« Quand on a mis la main à la charrue, et qu'on regarde en arrière, on n'est pas prêt pour le royaume de Dieu. »

Tous doivent savoir ce qu'il leur faut abandonner.

Jésus croise les bras, regarde droit devant lui.

« Si quelqu'un vient à moi, dit-il, sans haïr son père et sa mère, sa femme et ses enfants, ses frères et ses sœurs, sa propre vie elle-même, il ne peut être mon disciple. Et quiconque ne porte pas sa croix pour me suivre ne peut non plus être mon disciple. »

Aucun des disciples ne s'éloigne. Il lit sur leurs visages la résolution et la foi.

Mais il n'ignore rien de la faiblesse des hommes et, parmi ces soixante-douze déterminés à affronter les loups avec la seule force de l'Agneau, certains fléchiront.

« En toute ville où vous entrerez, et où on ne vous accueillera pas, reprend-il, sortez dans les rues et dites : "Même la poussière de votre ville qui s'est attachée à nos pieds, nous vous la laissons. Sachez pourtant ceci : le règne de Dieu approche. Je vous le dis, ce jour-là sera plus supportable pour Sodome que pour cette ville." »

Il sent leur hâte, ce frémissement avant l'action. Ils vont partir deux par deux, et semer la parole.

« Allez, allez », dit-il.

Quand l'heure sera venue, ils seront les pierres de son Église.

49.

Il ne guette pas le retour de ses disciples.

Il les sait à l'œuvre, parcourant les chemins de Judée, guérissant, chassant les démons des corps malades. Et Jésus levant les yeux voit souvent « le Satan tomber du ciel comme un éclair ».

Puis il poursuit sa route, prêchant, soignant, s'immobilisant à l'entrée d'un bourg lorsqu'il découvre dix lépreux, leur visage et leurs membres rongés.

Ils se tiennent humblement à distance, n'osant s'approcher, disant enfin :

« Jésus, maître, aie pitié de nous. »

D'un geste de la main, il leur montre le chemin du bourg, puis il leur dit d'aller se montrer aux prêtres, et il veut que son souffle ait la force d'un essaim de flèches lancé par une machine non de guerre mais d'amour.

Et tout à coup voici que l'un des lépreux revient en courant, ses mains lisses, ses joues purifiées.

Il se prosterne devant Jésus, il le glorifie.

« Où sont les neuf autres ? demande Jésus. Est-ce qu'ils n'ont pas été purifiés ? »

« Je suis la résurrection et la vie. »

En fait seul l'étranger, le Samaritain est revenu pour rendre grâces et gloire à Dieu !

Jésus n'est pas surpris.

Un homme vaut non par le lieu d'où il vient, mais par la foi qu'il porte et l'amour qu'il dispense.

Ainsi, sur cette route qui va de Jérusalem à Jéricho, et qui n'est qu'une succession de gorges où la nuit stagne quelle que soit l'heure, des brigands ont attaqué un marchand. Ils l'ont roué de coups, laissé nu et couvert de plaies.

Les voyageurs et les pèlerins qui sont passés près de lui, qui gît sur le bord du chemin, ont détourné la tête, accéléré le pas, apeurés à l'idée de tomber eux aussi dans un guet-apens. Et le prêtre, et le riche sont passés. Et l'homme a continué d'agoniser.

Et ce n'est qu'un Samaritain qui s'est approché, qui a bandé ses blessures en y versant de l'huile et du vin, qui l'a fait monter en croupe, qui l'a conduit à l'auberge, qui l'a veillé, qui a fait preuve de miséricorde et d'amour. Et c'est cet homme-là qu'on traite d'impie parce que samaritain.

Il faut du courage pour aimer, pour donner.

Et le bon Samaritain a laissé deux deniers à l'auberge pour qu'après son départ on continue de soigner le blessé qu'il a recueilli.

Et dans la foule des hommes il y a toujours un bon Samaritain, et en chacun de nous cette part d'amour existe.

Jésus éprouve le besoin de la retrouver.

À Béthanie, sur la route qui conduit de Jéricho à Jérusalem, dont on n'est séparé que par le mont des Oliviers, il entre dans la maison où vivent Lazare et ses deux sœurs Marthe et Marie.

Il a besoin de ce havre de paix, des attentions de Marthe qui prépare le repas, dispose les couvertures, dont chaque geste est chargé d'une attention généreuse.

Marie sa sœur est assise aux pieds de Jésus, et elle écoute avec avidité sa parole.

Et Marthe s'insurge :

« Seigneur, tu ne te soucies pas que ma sœur me laisse faire seule le service ? Dis-lui donc de m'aider.

— Marthe, tu t'agites, tu fais beaucoup de bruit, tu t'inquiètes de nombreuses choses, mais bien peu sont nécessaires ou plutôt une seule. Marie a choisi la bonne part et on ne la lui arrachera pas... »

Il se souvient de cette pécheresse, Marie déjà, qui était entrée dans la maison de Simon le pharisien dont il était l'invité.

Elle avait oint le Seigneur de parfums, lavé et baisé ses pieds qu'elle avait essuyés avec ses cheveux.

Et Jésus avait effacé ses péchés parce qu'elle avait donné beaucoup d'amour.

Et il en est ainsi de Marie de Béthanie, sœur de Marthe et de Lazare.

Jésus quitte leur maison pour se rendre à Jérusalem, et le souffle qui le pousse est encore plus puissant.

« *Je suis la résurrection et la vie.* »

Il s'arrête au mont des Oliviers. Là l'attendent les soixante-douze disciples, rentrés de leurs labours, de leurs semailles, de leurs récoltes.

Ils sont joyeux :

« Même les démons nous sont soumis par ton nom », disent-ils.

Il les écoute raconter les guérisons qu'ils ont provoquées.

« Je vous ai donné le pouvoir de fouler les serpents, les scorpions et toute la puissance de l'ennemi. Et rien ne vous nuira », dit Jésus.

Il ferme les yeux, murmure :

« Tout m'a été livré par mon père, dit-il, et personne ne sait qui est le Fils, sinon le Père, ni qui est le Père, sinon le Fils et celui à qui le Fils veut le dévoiler. »

Il rouvre les yeux et dit aux disciples :

« Magnifiques les yeux qui regardent ce que vous regardez. Car, je vous le dis, beaucoup de prophètes et de rois ont voulu voir ce que vous regardez et ne l'ont pas vu, entendre ce que vous entendez et ne l'ont pas entendu. »

50.

Au mont des Oliviers, les disciples se sont rassemblés autour de Jésus qui prie, agenouillé, les yeux perdus dans cet immense ciel de décembre que le vent froid a balayé.

La lumière est si pure, l'éclat du soleil froid si vif que le bleu se dissout dans un blanc à peine teinté.

Jésus se redresse et l'un des fidèles s'approche, murmure :

« Seigneur, enseigne-nous à prier comme Jean le Baptiste l'a enseigné à ses disciples. »

Il les dévisage. Il perçoit leur attente suppliante et anxieuse.

« Va, va, va, partage. »

« Quand vous priez, commence Jésus, dites :

« Notre Père qui es aux cieux, que soit sanctifié Ton nom.

Que vienne Ton règne.

Donne-nous chaque jour notre pain de la journée.

Remets-nous de nos péchés car nous remettons nous aussi à tous ceux qui nous doivent.

« Je suis la résurrection et la vie. »

Ne nous laisse pas succomber à la tentation, mais délivre-nous du mal ! »

Ils prient ensemble et leurs voix n'en forment plus qu'une, puis du même pas, ils gagnent Jérusalem où l'on célèbre, en cette mi-décembre, la fête de la dédicace qui commémore la restauration du Temple par Judas Maccabée, le grand prêtre d'il y a près de vingt décennies.

Et il faut être là où sont les brebis, au milieu de cette foule qui a envahi les ruelles et le parvis, qui se presse sous les portiques, qui reconnaît Jésus, et le questionne ou le supplie.

Qu'il chasse les démons du corps des malades et des infirmes !

Les pharisiens, aux aguets, lancent avec hargne :
« Tu dis que tu es le bon berger, que tu donnes ta vie pour tes brebis, que tu n'es pas le voleur qui vient pour voler, égorger et perdre, mais jusques à quand nous tiendras-tu l'âme en suspens ? Si tu es le Christ, dis-le franchement !

— Je vous l'ai dit et vous ne me croyez pas », répond Jésus.

Des voix hostiles crient :
« Il a un démon, il est fou, pourquoi l'écoutez-vous ? »

On l'accuse de guérir parce qu'il est habité par le chef des démons, Béelzéboul.

Et l'on brandit le poing dans sa direction, et l'on répète :
« Il a Béelzéboul et c'est par le chef des démons qu'il chasse les démons.

— Comment Satan peut-il chasser Satan ? » répond-il.

Mais Jésus voit les pharisiens ramasser des pierres, s'apprêter à les lancer.

« Les œuvres que je fais au nom de mon père témoignent de moi », dit-il.

Il hésite puis d'une voix assurée, tonnante, il ajoute :

« Le Père et moi ne sommes qu'un ! »

Les bras se lèvent, les mains serrent les pierres à jeter. On est prêt à le lapider.

« Je vous ai montré beaucoup de bonnes œuvres du Père, pour laquelle me lapidez-vous ?

— Nous te lapidons pour un blasphème, parce que toi qui es homme tu te fais Dieu, lui crie-t-on.

— Je suis le Fils de Dieu. »

Les pierres frappent autour de lui puis une partie de la foule se précipite pour se saisir de lui, mais les disciples forment une muraille de leurs corps et il réussit à échapper à ceux qui hurlent qu'il est le Mal, que le chef des démons, ce Béelzéboul, l'habite.

La haine les aveugle.

Il leur a dit en vain :

« Si je ne fais pas les œuvres de mon père, ne vous fiez pas à moi, mais si je les fais et que vous ne vous fiiez pas à moi, fiez-vous à ces œuvres pour connaître et savoir que le Père est en moi et moi dans le Père. »

Mais il entend leurs cris, le martèlement de leurs pas. Il ne doit pas se laisser prendre, le temps est proche mais n'est pas encore écoulé.

« Je suis la résurrection et la vie. »

Il veut retourner au-delà du Jourdain, à Béthabara, là où Jean avait baptisé.

Et la foule le rejoint et le souvenir de Jean le protège.

« Jean n'a fait aucun signe mais tout ce que Jean a dit de cet homme était vrai », répète-t-on autour de lui.

Il prie :

« Notre Père, pardonne-nous nos offenses comme nous pardonnons à ceux qui nous ont offensés. Ne nous laisse pas succomber à la tentation et délivre-nous du mal. »

Mais il entend les murmures des pharisiens et des scribes, qui l'ont suivi jusqu'à ces rives du Jourdain. Ils espionnent pour le compte du sanhédrin, et sèment le trouble.

« Ce Jésus de Nazareth accueille les pécheurs et mange avec eux », disent-ils.

N'est-ce pas la preuve qu'il est au service du mal ?

Il doit parler, tisser des paraboles, celle du berger qui part à la recherche de sa centième brebis perdue, alors que les quatre-vingt-dix-neuf autres sont paisibles dans l'enclos.

« Et quand il l'a retrouvée, il la pose sur ses épaules et se réjouit. »

Et il en va de même du père, qui a vu son fils cadet le quitter, dilapider son bien, cependant que le fils aîné travaille, demeure aux côtés du père.

Mais quand le fils prodigue revient, c'est pour lui qu'on apporte le veau gras, qu'on l'immole et le mange.

Et le fils aîné ne comprend pas :

« Quand ton fils cadet vient de dévorer ton bien avec des prostituées, tu lui immoles le veau gras », s'exclame-t-il.

Et le père répond :

« Toi, mon enfant, tu es toujours avec moi et tout ce qui est à moi est à toi. Mais il fallait faire la fête et se réjouir car ton frère que voilà était mort et il revit ; il était perdu et le voici parmi nous. »

Et il en est ainsi de la femme qui a perdu une drachme sur les dix qu'elle possède. Elle balaie jusqu'à ce qu'elle l'ait retrouvée et se réjouit quand enfin elle la voit luire sur le sol.

Jésus s'avance vers la foule, il hausse la voix :

« Ainsi, je vous le dis, il y aura plus de joie au ciel pour un pécheur qui se convertit que pour quatre-vingt-dix-neuf justes qui n'ont pas besoin de conversion. »

51.

Jésus est à Béthabara.

Il regarde s'avancer vers lui ce messager, qui agite les bras pour attirer son attention. L'homme traverse les eaux glacées du Jourdain à grandes enjambées. Il s'approche des apôtres, il leur parle.

Jésus ne veut pas encore connaître la nouvelle qu'apporte ce messager qui arrive de Judée.

Jésus ferme les yeux.

Il laisse venir à lui les souvenirs de ce temps qui lui paraît si lointain, quand Jean Baptiste, ici, en Pérée, sur les rives du Jourdain, au gué de Béthabara, l'avait reconnu, nommé *Agneau de Dieu* et baptisé.

Depuis Hérode Antipas a ordonné qu'on tranche la tête de Jean le Baptiste.

Depuis Jésus a sillonné la Palestine. Et on l'appelle Christ, Messie, Fils de Dieu.

Et il accomplit les œuvres de Dieu, il chasse les démons, il guérit, il parle afin que l'on sache qui il est.

Mais depuis aussi on le lapide. Les membres du sanhédrin, les prêtres, les pharisiens, les scribes, les puissants veulent se saisir de lui, le tuer.

Ici, en Pérée, ils ne réussiront pas à le prendre. Mais en Judée ils sont les maîtres.

Jésus rouvre les yeux.

Il devra retourner en Judée.

Il se souvient de la maison de Lazare à Béthanie, des sœurs de son ami, Marthe et Marie. Et il sent encore le parfum dont Marie l'a oint. Il a l'impression que les larmes dont elle a baigné ses pieds coulent encore. Et elle l'a caressé et essuyé de ses cheveux.

C'était elle la pécheresse de Magdala, celle qui était venue chez le pharisien Simon.

Marie, femme d'amour, femme de foi, qu'il avait lavée de tous ses péchés.

Et c'est d'elle aussi que va parler le messager.

Le moment est venu.

Jésus invite le messager à s'approcher, à transmettre la nouvelle dont il est porteur.

Il arrive, dit-il, de Béthanie, de la maison de Lazare, de Marthe et de Marie : « Ceux que tu aimes. »

« Seigneur, voici malade Lazare, celui que tu aimes », répète-t-il.

Jésus se recroqueville, puis, comme s'il avait ainsi rassemblé toute sa force, retenu son souffle et sa voix, il dit :

« Cette maladie de Lazare ne va pas à la mort mais à la gloire de Dieu, pour que le Fils de Dieu en soit glorifié. »

248

« Je suis la résurrection et la vie. »

Il perçoit le désarroi, l'incompréhension des apôtres, des disciples.

Ces hommes fidèles n'osent lui demander ce que
signifie la phrase qu'il vient de prononcer, et pourquoi il paraît aussitôt après ne plus se soucier de
Lazare.

Il marche sur les rives du Jourdain. Il s'adresse à la
foule qui le suit, et durant deux jours il ne manifeste
ni inquiétude ni émotion, comme s'il avait oublié la
maladie de celui qu'il aime, Lazare, et le messager
des sœurs de Lazare, Marthe et Marie.

Et brusquement, à la fin du deuxième jour, il dit :
« Retournons en Judée. »

Et ce sont les apôtres qui sont réticents. Ils rappellent qu'en Judée, on a voulu se saisir de lui, on l'a
lapidé.

« Et tu veux retourner là-bas ? »

Jésus leur répond en évoquant la mort de Lazare
mais ils ne comprennent pas. Ils s'imaginent que
Lazare est seulement en sommeil. N'est-ce pas là le
mot que Jésus vient d'employer en disant : « Notre
ami Lazare s'est endormi mais je vais aller le
réveiller » ?

Il faut donc que Jésus leur dise :

« Lazare est mort et je me réjouis pour vous de ne
pas avoir été là, pour que vous ayez la foi. Mais
allons près de lui. »

Les apôtres et les disciples hésitent.

Fallait-il que Lazare meure pour qu'ils voient Jésus
l'arracher à la mort, le ressusciter, et qu'ils aient
ainsi foi en lui ?

Ils doutent, et c'est Thomas l'apôtre qui dit :
« Allons aussi mourir avec lui. »

Jésus franchit le Jourdain, gravit la pente jusqu'à Béthanie. Il regarde droit devant lui comme s'il ne voyait que cette maison de Lazare, ce corps qu'on a déjà, depuis quatre jours, descendu au tombeau.

Voici Marthe qui vient au-devant de Jésus, cependant que Marie est restée à la maison.

« Seigneur, si tu avais été ici, dit Marthe, mon frère ne serait pas mort. Maintenant encore je sais que Dieu te donnera ce que tu lui demanderas. »

Va, va, va.

« Ton frère ressuscitera, dit Jésus.

— Je sais qu'il ressuscitera à la résurrection, au dernier jour », murmure Marthe.

Elle n'ose pas espérer davantage.

« Je suis la résurrection, dit Jésus. Qui se fie à moi, fût-il mort, vivra. Quiconque vit et se fie à moi ne mourra pas pour toujours. Le crois-tu ?

— Oui, Seigneur, dit Marthe, je crois que tu es le Christ, le Fils de Dieu qui vient en ce monde. »

Jésus la voit s'éloigner.

Il sait qu'elle va prévenir Marie, et il n'est pas surpris de voir Marie sortir de la maison.

Elle est là devant Jésus, elle tombe à ses pieds. Elle pleure en répétant : « Seigneur, si tu avais été ici, mon frère ne serait pas mort. »

Marie sanglote et tous ceux qui l'accompagnent pleurent avec elle.

« Je suis la résurrection et la vie. »

« Où l'avez-vous mis ? » demande Jésus.

Sa voix tremble.

Telle est donc la mort pour les hommes, cette souf-france comme un cri qui déchire et mutile le corps, arrache les chairs, anéantit. Et les hommes hurlent.

Jésus pleure, homme parmi les hommes, homme qui se sait promis à la mort.

Il entend qu'on murmure :

« Voyez comme Jésus aimait Lazare. »

Et il devine aussi ce que certains ajoutent :

« Lui qui a ouvert les yeux de l'aveugle ne pouvait-il faire aussi que cet homme ne soit pas mort ? »

« Va, va, va. »

Jésus va au tombeau. C'est un caveau fermé par une dalle.

« Enlevez la pierre, ordonne-t-il.

— Seigneur, chuchote Marthe, il sent déjà, c'est le quatrième jour.

— Ne t'ai-je pas dit que si tu as foi, tu verras la gloire de Dieu ? »

On enlève la pierre.

« Va, va, va. »

« Père, je te rends grâces de m'avoir entendu, dit Jésus. Je sais que tu n'entends pas toujours mais je le dis à cause de la foule qui m'entoure, pour qu'ils croient que tu m'as envoyé. »

« Va, va, va. »

Jésus crie à grande voix :

« Lazare viens dehors ! »

Lazare sort, les pieds et les mains liés de bandelettes et le visage enveloppé d'un suaire.

Jésus dit :

« Déliez-le et laissez-le aller. »

52.

Jésus quitte Béthanie.

Il sait que la résurrection de Lazare l'illumine de la gloire de Dieu aux yeux de tous ceux qui entouraient Marie, de tous ceux qui pleuraient la mort de Lazare.

Il est bien le Christ, le Messie, le fils de Dieu.

Mais quelques-uns dans cette foule, des espions du Grand Conseil et des pharisiens, sont allés raconter ce qu'ils avaient vu, ce que Jésus avait fait.

Et Jésus sait que la gloire de Dieu annonce aussi sa mort humaine.

Le temps en est proche.

Il apprend que les grands prêtres et les pharisiens se sont réunis en grand conseil.

« Que faisons-nous ? Cet homme fait beaucoup de signes », ont-ils dit.

Ils s'inquiètent de ces foules qui se rassemblent autour de ce Jésus de Nazareth.

« Bientôt tous se fieront à lui, et les Romains qui nous surveillent, occupent notre nation, ne tolére- ront pas ce mouvement qui s'organise et dont Jésus est le meneur.

« Les Romains craindront une insurrection contre eux. Ils s'empareront du Temple, ils nous enlèveront les pouvoirs qu'ils nous ont concédés. Ce Jésus de Nazareth est une menace pour l'existence de notre nation. »

C'est alors que le grand prêtre Caïphe a parlé, comme un prophète :

« Mieux vaut qu'un homme meure pour le peuple et que la nation ne périsse pas », dit-il.

La mort de cet homme réunira les enfants de Dieu qui sont désunis.

Tous comprirent, et de ce jour ils surent qu'il fallait immoler Jésus de Nazareth, comme un agneau du sacrifice.

Jésus le sait aussi.

Et c'est pourquoi il a quitté Béthanie, pourquoi il se retire avec ses disciples et ses apôtres dans la ville d'Ephraïm, proche de Jéricho.

Dans quelques jours ce sera la fête de Pâque, et déjà on lui rapporte que dans la Ville sainte, sur le parvis du Temple, les pèlerins s'interrogent :

« Ne viendra-t-il pas à la fête ? »

Il viendra, quand l'heure sera échue.

53.

Il voudrait pouvoir ne pas quitter ce pays d'Ephraïm et de Jéricho.

S'il était homme, seulement homme, il aimerait aller de l'une de ces villes à l'autre.

Elles sont situées à mi-pente, si bien qu'elles dominent la vallée du Jourdain.

Au fond de la vallée la brume est étouffante, la chaleur, gluante. Mais à Ephraïm et à Jéricho l'air est léger.

Ici c'est le pays des dattiers et des roses, des orangers, des citronniers et des amandiers.

Parfois, lorsque Jésus est au milieu de ces vergers, qu'il admire les rosiers jaunes et roses, il a l'impression que cette partie de la Judée est aussi belle, aussi douce et aussi fertile que les collines de Galilée.

Mais il est le fils de Dieu.

Il est homme pour accomplir la vie d'un homme, en connaître non seulement les joies, les espérances, mais aussi toutes les souffrances.

Et la foule est là qui le cherche.

Il ne voudrait être qu'un pèlerin parmi les pèlerins, l'un de ceux qui se dirigent vers Jérusalem, pour la fête de Pâque. Mais la foule le découvre, le guette, l'entoure, le presse.

Il entre dans Jéricho et jamais la foule ne fut plus dense.

Il lève les yeux et il aperçoit, grimpé sur un sycomore, un homme qui se penche pour le voir, le saluer, l'interpeller, qui a trouvé le moyen, lui qui est de petite taille, de voir malgré la foule le Christ.

Il se nomme Zachée, il est percepteur, collecteur d'impôts, publicain.

Jésus lui lance :

« Zachée, dépêche-toi de descendre car aujourd'hui il faut que je demeure dans ta maison. »

Il entend les murmures de la foule qui s'étonne que le Christ puisse aller loger dans la maison d'un pécheur.

Mais Zachée se précipite, dit :

« Voilà que je donne aux pauvres la moitié de mes biens, et si j'ai fait du tort à quelqu'un je lui rends le quadruple. »

Jésus entre dans la demeure de Zachée.

« Ta maison aujourd'hui est sauvée », dit-il.

C'est ici, de cette maison de Jéricho, qu'il partira pour Jérusalem.

Le temps est venu. L'heure est échue.

LIVRE III

« À présent mon âme est troublée.
Que dire ?
Père, sauve-moi de cette heure ?
Mais c'est pour cela que
j'en suis arrivé à cette heure. »

Évangile selon saint Jean, XII, 27

PREMIÈRE PARTIE

« De ce jour-là,
ils furent résolus à le tuer. »

Évangile selon saint Jean, XI, 53

54.

Jésus s'engage sur le chemin qui de Jéricho conduit à Jérusalem.

Il marche plus lentement qu'à l'accoutumée comme s'il hésitait, afin de mieux entendre ces voix qui en lui murmurent :

« À présent, mon âme est troublée. Que dire ? Père, sauve-moi de cette heure ? Mais c'est pour cela que j'en suis arrivé à cette heure. »

Il lève les yeux vers le ciel d'un bleu léger, qui en ces jours de printemps étend son voile à peine teinté au-dessus des collines de Béthanie, du mont des Oliviers et de la Ville sainte, qui célèbre la délivrance du peuple juif, arraché à l'Égypte, à la servitude, à l'extermination.

Et ce sera aussi la mort du Christ.

Il est le Christ.

Il regarde autour de lui ses douze apôtres qui avancent au même pas lent que lui et qui s'étonnent du rythme de la marche.

Il leur dit :

« C'est maintenant le jugement du monde. Maintenant le chef de ce monde va être jeté dehors. »

Tous refusent de l'admettre, secouent la tête. Il leur rappelle ce qu'eux-mêmes ont rapporté : la réunion du sanhédrin autour du grand prêtre Caïphe, sur une hauteur, là où Caïphe possède une maison, au-delà du vallon de la Géhenne, sur ce « mont du Mauvais Conseil ».

Et Jésus hausse la voix, pour que chacun des douze apôtres entende, comprenne :

« Et les grands prêtres ont décidé de tuer aussi Lazare parce que à cause de lui, qui s'est levé de son tombeau, beaucoup de leurs fidèles se fient désormais à moi, le Christ. »

Jésus ralentit encore son pas.

« Voilà que nous montons à Jérusalem, ajoute-t-il, et le fils de l'homme va être livré aux grands prêtres et aux scribes et ils le condamneront à mort et ils le livreront aux nations pour être moqué, fouetté, crucifié. Et le troisième jour, il se relèvera. »

A-t-il dit cela ?

Il en doute quand il voit le visage des apôtres qui paraissent ne pas avoir entendu, ne pas avoir voulu entendre.

Peut-être à cause de la rumeur de la foule qui les entoure ou bien de ces cris lancés par deux aveugles, assis au bord du chemin, devant les dernières maisons de Jéricho, et qui crient :

« Jésus, fils de David, aie pitié de nous. »

Et ils hurlent de plus en plus fort malgré la foule qui tente de les faire taire.

Jésus s'arrête, les appelle :

« Que voulez-vous que je fasse pour vous ?

« À présent mon âme est troublée. »

— Fils de David, que nos yeux s'ouvrent ! »
Jésus leur touche les yeux et aussitôt les aveugles crient qu'ils voient. Ils se joignent à la foule qui suit Jésus.

Et s'adressant aux apôtres, mais d'une voix si haute que la foule l'entend, le Christ dit :
« Qui me voit, voit Celui qui m'a envoyé. »

Il a accéléré le pas, et la foule l'a suivi avec allégresse, s'agglutinant devant la maison de Lazare à Béthanie où le Christ est entré.

Là, Marthe a servi le dîner, et Lazare se tient parmi les convives, et la foule se presse, chuchote devant la maison, avance de manière à voir non seulement Jésus, mais aussi ce Lazare qu'il a relevé d'entre les morts.

Et les espions du sanhédrin, les pharisiens, murmurent, répètent :
« Il faut aussi tuer Lazare. »
Et d'autres ajoutent qu'il faut vite condamner Jésus de Nazareth, car on ne gagne rien à attendre, tout le monde court après lui.

Jésus est allongé les yeux mi-clos, parmi les convives.

Et Marie, la pécheresse de Magdala, celle qui avait pleuré, est venue avec un flacon rempli d'un parfum de nard, de grand prix. Elle a commencé à oindre les pieds du Christ, à les essuyer avec ses cheveux, comme elle l'a déjà fait à Magdala et ici à Béthanie.

Et l'un des apôtres, Judas l'Iscariote, s'étonne :

« Pourquoi n'avoir pas vendu ce parfum trois cents deniers pour les donner aux pauvres ? »

Jésus l'observe avec un regard rempli de compassion, et aussi de lassitude.

« Judas, dit-il d'une voix sourde, laisse-la garder cela pour le jour de mon ensevelissement. Car vous aurez toujours les pauvres avec vous mais vous ne m'aurez pas toujours. »

55.

Jésus sort de la maison de Lazare, où il a passé la nuit. Et la foule a envahi, en ce lendemain de sabbat, toutes les ruelles de Béthanie.

Et lorsqu'il se met en route, elle le suit, formant un long cortège vers le village de Bethphagé, là où se trouve une maison dite du figuier, puis le chemin serpente sur le mont des Oliviers, et au-delà vers Jérusalem, la Sainte.

Jésus s'arrête, puis se dirige vers le figuier, qui ne porte pas un seul fruit mais des feuilles plantureuses.

Cet arbre de sagesse est stérile, comme le sont souvent les grands prêtres et les scribes.

« Que plus jamais un fruit ne naisse de toi », dit Jésus.

Et le figuier sèche aussitôt.

Car le savoir, s'il n'est pas parcouru par la sève de la vie et de la foi, n'est rien.

Et aux disciples et aux apôtres qui s'étonnent une nouvelle fois de son pouvoir, le Christ répond :

« Oui, je vous le dis, si vous avez foi et n'hésitez pas, non seulement vous ferez cela du figuier, mais si vous dites à cette montagne, enlève-toi et jette-toi à la mer, elle le fera. »

Ils se remettent en marche et Jésus désigne à ses apôtres un village sur l'autre versant de la colline.

Il leur commande de s'y rendre.

Ils y trouveront, dit-il, une ânesse et un ânon attachés. Personne ne s'est jamais assis sur l'ânon.

« Déliez-les et ramenez-les-moi. Vous direz que le Seigneur en a besoin. »

Les disciples s'exécutent sous le regard du Christ.

On pose sur l'ânon des vêtements et le Christ le monte.

La foule jette des manteaux sur le chemin, afin que l'ânon du Christ avance sur ce tapis.

On descend le versant du mont des Oliviers, et le cortège s'allonge à l'infini.

Des voix clament :

« Béni celui qui vient, lui le roi, au nom du Seigneur. Paix dans le ciel, et gloire dans les hauteurs. »

C'est un cortège royal qui s'avance, le Christ porté par le noble animal qui, depuis les temps immémoriaux, est la monture des rois.

Les pharisiens s'indignent :

« Maître, fais taire tes disciples, disent-ils à Jésus.

— Je vous le dis, leur répond-il, si eux se taisent, les pierres crieront. »

Tout à coup Jésus retient sa monture.

Devant lui, à l'horizon, les murs de Jérusalem, les toits et les terrasses de la ville sous le soleil du printemps.

« À présent mon âme est troublée. »

Il ne peut retenir son émotion.

Il pleure. Le destin de la ville est devant ses yeux, comme le sien, comme celui des hommes qui ne l'écoutent pas.

Il s'adresse à la ville :

« Si tu connaissais toi aussi, en ce jour, ce qui mène à la paix ! Mais cela est caché à tes yeux. Il t'arrivera des jours où tes ennemis t'environneront de tranchées, t'encercleront et te presseront de partout. Ils t'écraseront toi et tes enfants en toi, pierre sur pierre, parce que tu n'as pas reconnu l'instant de ta visitation. »

Jésus repart et le cortège de plus en plus dense envahit tout le chemin.

On coupe des palmes, on les agite, on étend des vêtements devant les sabots de l'ânon « royal ».

On chante, on scande :

« Hosanna ! Béni soit le règne de David au nom du Seigneur, le roi d'Israël. Béni soit le règne de David notre Père, qui va commencer ! Béni soit le fils de David. »

Le cortège entre dans la ville par la porte Dorée, la plus proche du Temple, et Jésus aussitôt s'indigne en retrouvant sur le parvis les étals des marchands, et les cages entassées de ceux qui vendent des colombes pour les sacrifices.

Il les chasse de nouveau, avec de grands gestes des bras, en criant :

« Ma maison sera une maison de prière, et vous en avez fait une caverne de voleurs. »

Il renverse les tables des changeurs.

Puis il se rend sous les portiques, et le calme peu à peu revient. Et le Christ commence à enseigner.

« Tant que vous avez la lumière, dit-il, fiez-vous à la lumière pour être des fils de lumière. Moi, la lumière, je suis venu en ce monde pour que quiconque se fie à moi ne demeure pas dans les ténèbres. »

Sur ces paroles, Jésus s'en va.

56.

Jésus et ses apôtres s'enfoncent dans la nuit où se dissout cette journée du dimanche qui a vu l'entrée triomphale dans la Ville sainte.

Ils sortent par la porte Dorée, mais aucun cortège ne les suit. Après la gloire, l'obscurité, la solitude, le lent retour en trébuchant sur le chemin, vers Béthanie, la maison de Lazare où Jésus va passer la nuit.

Car la Ville sainte n'est pas sûre dès lors que les foules se sont dispersées, les pèlerins regagnant leurs campements, hors les murs.

Les gardes du sanhédrin, les scribes, les pharisiens, tous ceux qui condamnent Jésus règnent en maîtres, dans Jérusalem.

Jésus sait ce qu'ils veulent : l'arrêter, le condamner, le tuer. Et d'abord le perdre, en lui tendant des pièges, en l'obligeant à apparaître blasphémateur, sacrilège et imposteur.

Mais ils le craignent, car la foule, le jour, écoute ses paroles, est frappée par son enseignement. Et elle reste rassemblée autour de lui.

Et parce que Jésus n'ignore rien de leurs intentions, il veut chaque nuit quitter la ville, soit pour Béthanie, soit pour le mont des Oliviers.

Et le matin, accompagné de ses apôtres, il rentre dans la ville, rejoint le Temple et recommence à parler, répondant aux questions que les prêtres, les pharisiens et tous les autres, qu'ils soient à la solde d'Hérode ou collaborateurs des Romains, lui posent comme autant de lacets pour se saisir de lui.

Les grands prêtres s'approchent pendant qu'il enseigne sous les portiques du Temple.

Ils lui rappellent qu'il prétend avoir rendu l'agilité à des paralytiques, la vue à des aveugles, et maudit un figuier à Bethphagé et l'arbre s'est aussitôt desséché.

« Par quel pouvoir fais-tu cela, qui t'a donné ce pouvoir ? »

Il les dévisage.

La colère monte en lui, mais le moment n'est pas venu. Il va répondre d'une voix calme, sous forme d'une question :

« Le baptême par Jean le Baptiste, d'où venait-il, du ciel ou des hommes ? » interroge-t-il.

Et les grands prêtres n'osent répondre car ils savent que le peuple considère Jean comme un prophète. Et les prêtres ne veulent pas le reconnaître, puisqu'ils n'ont pas suivi l'enseignement de Jean le Baptiste.

« Nous ne savons pas », répondent-ils à Jésus.

Et Jésus déclare :

« À présent mon âme est troublée. »

« Moi non plus je ne vous dis pas par quel pouvoir je fais cela. »

Il répond avec le même calme et la même habileté aux autres questions, usant de paraboles.

À ceux qui lui demandent s'il faut payer le tribut à César, il montre une pièce de monnaie, en or, gravée à l'image de César.

« Rendez donc à César ce qui est à César, dit-il, et à Dieu ce qui est à Dieu. »

Plus tard il mesure à l'expression de leurs visages que les prêtres, les scribes, les pharisiens et tous les autres comprennent que c'est d'eux qu'il parle, quand il conclut ses paraboles en proclamant :

« Les percepteurs et les prostituées vous précèdent dans le règne de Dieu. »

Ou bien :

« Ce règne de Dieu va vous être enlevé, on le donnera à une nation qui le fera fructifier. »

Mais on ne peut le prendre en défaut, il n'a parlé que des rapports de deux frères avec leur père, ou bien de vignerons qui refusent de reconnaître leur Seigneur ou le fils de ce dernier.

Mais comment, alors que la foule tient ce Jésus pour un prophète, se saisir de lui ?

Et pourtant, lorsque Jésus quitte le soir la ville pour rejoindre le mont des Oliviers, il sent en lui sourdre colère et lassitude.

Il lui semble que chaque nuit défait ce qu'il a fait durant le jour comme si l'obscurité effaçait les paroles qu'il a prononcées et que la foule a approuvées et les actes qu'il a accompli et qui ont convaincu la foule qu'il était bien le Christ, fils de Dieu.

Mais la nuit engloutit tout et au matin d'autres hommes sont là qu'il faut enseigner, comme si ceux de la veille s'en étaient allés, oublieux de ce qu'il leur avait dit.

Et la puissance des grands prêtres, des scribes, des gardes du sanhédrin, des pharisiens ne s'est pas dissoute. Ils guettent avec les mêmes intentions homicides.

Jésus regarde les apôtres qui marchent près de lui.

Il lit sur leurs visages l'étonnement et l'impatience, la déception aussi.

Ils ont foi en lui. Ils ont vu sa force à chasser les démons du corps des hommes.

Alors pourquoi, se demandent-ils, n'établit-il pas son règne, celui de Dieu sur cette terre ?

Ici et maintenant, s'il le voulait, pensent les apôtres, il pourrait s'emparer du pouvoir, écarter les grands prêtres, devenir roi d'Israël, et chasser les Romains.

Pourquoi n'utilise-t-il pas sa force pour conquérir, ici-bas, la puissance ?

Chez ses apôtres, survivent aussi les démons. Ils affrontent la tentation qu'il a repoussée lorsque, après son baptême, il s'est retiré dans le désert rocheux du mont Quarantal.

Il est parmi les hommes non pour les gouverner par la puissance mais pour les convaincre par la parole, et faire naître en eux la force et la foi pure.

« À présent mon âme est troublée. »

Telle est sa tâche.

Et à un pharisien légiste, qui lui demande :
« Maître, quel est le grand commandement de la loi ? »
Il répond :
« Tu aimeras le Seigneur ton Dieu de tout ton cœur, de toute ta vie et de tout ton esprit. Tel est le grand et le premier commandement.
« Le second est pareil : tu aimeras ton prochain comme toi-même.
« À ces deux commandements, toute la loi est suspendue, et les prophètes. »

Demain, mardi, il prêchera encore, même si la nuit qui suivra effacera ce qu'il a enseigné.
Il doit, homme parmi les hommes, connaître cet élan, posséder cette volonté et subir cette déception.
Être homme, c'est vivre et mourir.

57.

C'est le matin du troisième jour, après son entrée glorieuse et triomphale dans la Ville sainte.

Et en passant à nouveau la porte Dorée, en retrouvant les parvis et les portiques du Temple et la foule qui l'attend, qui déjà se presse autour de lui pour écouter sa parole, il sait qu'il doit parler plus fort qu'il ne l'a jamais fait.

Que le temps est venu de vivre pour mourir, et alors, un troisième jour aussi, il se relèvera d'entre les morts, ressuscité. Et de la mort ainsi renaîtra la vie.

« Va, va, va. »

Et la foule n'a jamais été aussi dense et en son sein, il y a tous ces visages haineux, ceux des gardes du sanhédrin, des scribes, des pharisiens.

Et ceux-là après l'avoir entendu sauront qu'il doit être arrêté et tué au plus vite.

« Va, va, va, offre ton corps à leurs coups. »

« Les scribes et les pharisiens, commence-t-il, sont assis sur le siège de Moïse... Ils disent et ne font

« À présent mon âme est troublée. »

pas... Toutes leurs œuvres, ils les font pour être remarqués par les hommes... Ils aiment les premières places dans les dîners, les premiers sièges dans les synagogues et se faire saluer dans les marchés et appeler rabbi parmi les hommes... »

Il reprend son souffle. Les visages sont tendus vers lui, les yeux ne le quittent pas.

« Vous autres, dit-il, vous n'avez qu'un maître et vous êtes tous frères... Celui qui se hausse sera abaissé et celui qui s'abaisse sera haussé... »

Il tend le bras, et il voit des regards qui se détournent, des visages qui se masquent.

« Malheur à vous, scribes et pharisiens qui fermez aux hommes le règne des cieux... Malheur à vous, scribes et pharisiens, comédiens, stupides, aveugles, qui filtrez le moucheron et avalez le chameau... Vous êtes les fils de ceux qui ont tué les prophètes !

« Serpents, race de vipères... De sorte que viendra sur vous tout le sang juste qui a été répandu sur la terre depuis le sang d'Abel... »

Il lève les bras, il ferme les yeux, le visage tourné vers le ciel.

« Jérusalem, Jérusalem, qui tues les prophètes et lapides ceux qui te sont envoyés, que de fois j'ai voulu rassembler tes enfants comme une poule rassemble ses petits sous ses ailes et tu ne l'as pas voulu... »

Au moment où il sort du Temple ses disciples lui montrent les portiques et les bâtiments, le sanctuaire.

« Vous regardez tout cela ? Oui, je vous le dis, on ne laissera ici pierre sur pierre qui ne soit défaite... »

58.

C'est la fin de ce troisième jour.

Jésus est assis au mont des Oliviers, et ses apôtres forment autour de lui un cercle attentif et anxieux.

« Dis-nous quand ce sera et le signe de ton avènement et de la fin des âges ?

— Prenez garde qu'on ne vous égare », répond Jésus.

Il baisse la voix, et ses apôtres doivent tendre leur cou vers lui pour l'entendre murmurer qu'il y aura des guerres et des bruits de guerre, des famines et des secousses.

Beaucoup de faux prophètes se lèveront et ils égareront beaucoup de gens.

Il s'interrompt, effleure de son doigt la terre, comme s'il écrivait.

« L'ampleur de l'iniquité refroidira la charité de la plupart », dit-il.

Et puis viendra le temps de « l'horreur dévastatrice », et alors que « ceux de Judée fuient vers les montagnes ».

Malheur, malheur, « car il y aura alors une grande détresse telle qu'il n'y en a pas eu depuis le commencement du monde jusqu'à maintenant et qu'il n'y en aura plus...

« Il se lèvera de faux Christ et de faux prophètes qui produiront de grands signes et des prodiges de façon à égarer, si c'est possible, les élus mêmes... »

Il dit en se redressant, en effaçant du plat de la main les signes qu'il a tracés :

« Voilà, je vous ai prévenus. »

Il garde longuement le silence puis il reprend :

« Aussitôt après la détresse de ces jours-là, le soleil s'obscurcira, la lumière ne donnera plus sa clarté, les étoiles tomberont du ciel et les puissances des cieux s'agiteront... Alors apparaîtra dans le ciel le signe du fils de l'homme... et il enverra ses anges avec la grande trompette, et ils rassembleront ses élus des quatre vents, d'un bout à l'autre des cieux. »

C'est la nuit pleine et dense.

Jésus se lève.

« Le ciel et la terre passeront, dit-il, mais mes paroles ne passeront pas. »

Il s'éloigne, puis revient vers les apôtres, qui se sont levés eux aussi.

« Mais le jour et l'heure, personne ne les connaît, ni les anges des cieux ni le Fils, mais seulement le Père. »

DEUXIÈME PARTIE

« Réveillez-vous donc
car vous ne savez ni le jour ni l'heure. »

Évangile selon saint Matthieu, XXV, 13

59.

Ce quatrième jour, Jésus ne quitte pas Béthanie, et les apôtres, restés à ses côtés, l'interrogent.

Il leur répète qu'il ne connaît « ni le jour ni l'heure » du jugement qui viendra après cette grande détresse, et que chaque pierre de Jérusalem sera « défaite ».

Oui je vous le dis et redis.

Mais tout n'est pas qu'affliction.

La voix martèle, déterminée :

« Quand le fils de l'homme viendra en sa gloire, et tous les anges avec lui, alors il s'assoira sur son trône de gloire et rassemblera devant lui toutes les nations. Il séparera les uns d'avec les autres comme le berger sépare les brebis d'avec les boucs. Et il placera les brebis à sa droite et les boucs à sa gauche. »

D'un mouvement du bras Jésus sépare l'espace en deux parts égales :

« Ici, les bénis de mon père, là, les maudits. »

Alors le fils de l'homme dira :

« Les bénis, car vous m'avez donné à manger, j'ai eu soif et vous m'avez donné à boire, j'étais étranger et vous m'avez accueilli, nu et vous m'avez vêtu ; malade et vous m'avez visité, j'étais en prison et vous êtes venu me voir.

« Et les maudits, quand j'ai eu faim, ne m'ont pas donné à manger... »

Implacable, il poursuit les maudits comme il a, d'une voix pleine de bonté, salué la générosité des bénis.

Et quand les uns et les autres s'étonnent :

« Seigneur, quand est-ce que nous t'avons vu affamé et assoiffé, étranger, nu, malade ou en prison ? »

Jésus répond :

« Oui je vous le dis : chaque fois que vous l'avez fait ou ne l'avez pas fait, à l'un des moindres de mes frères, vous me l'avez fait ou vous ne me l'avez pas fait, à moi.

« Et ils s'en iront, les justes, à la vie éternelle, et les maudits, au châtiment éternel. »

Puis Jésus laisse ce quatrième jour s'écouler, et quand le crépuscule embrase l'horizon, il dit :

« Vous savez que dans deux jours c'est la Pâque et le fils de l'homme aussi est livré pour être crucifié. »

Il n'ignore rien de ce qui se trame.

Les scribes, les pharisiens, les prêtres, les membres du sanhédrin se sont rassemblés autour du grand prêtre Caïphe.

On se saisira de Jésus par ruse et on le tuera. Mais il faut agir dans la discrétion, la nuit, afin que cette arrestation ne provoque aucun tumulte dans le peuple qui croit aux mensonges de l'imposteur.

Et Jésus connaît celui qui le livrera.

Il se nomme Judas Iscariote et il est l'un des douze apôtres.

Les démons du lucre, de la jalousie et ceux de l'amertume, du regret, de la déception sont à l'œuvre en lui. Ce Judas a tant voulu que Jésus devienne le roi d'Israël, et il a cru qu'après l'entrée glorieuse et triomphale du dimanche des Rameaux, cela allait se produire. Jésus enfin allait utiliser sa puissance.

Mais au contraire Jésus l'a laissée se dissoudre, en se réfugiant chaque nuit à Béthanie ou sur le mont des Oliviers.

Ce Jésus de Nazareth ne veut donc pas vaincre et régner ici-bas. Il veut simplement prêcher et guérir.

Mais cela n'apaise pas les démons qui tourmentent le corps et l'esprit de Judas Iscariote.

Et l'un des plus résolus est celui de l'ambition déçue, qui transforme l'amour en haine.

Et celle-ci se masque en habileté. Elle dit :

« Si tu livres le Juif de Nazareth aux grands prêtres, il sera contraint d'agir et de vaincre. »

Et rien ne peut lui résister, ni le démon, ni la lèpre, ni la cécité, ni la paralysie.

Et il ressuscite les morts.

Si tu livres Jésus, tu l'obliges à exercer la puissance sur cette terre.

Alors Judas Iscariote, l'apôtre qui côtoyait Jésus, est allé vers les grands prêtres.

« Que voulez-vous me donner et je vous le livrerai ? » a-t-il dit.

Et on lui compte trente pièces d'argent, le prix de la vie d'un esclave.

Et, habité par Satan, Judas commence à chercher l'occasion pour livrer Jésus aux grands prêtres.

Il ne comprend pas que le prix dont on l'a payé pour cette trahison vaut proclamation par Dieu qu'un esclave, le plus méprisé des hommes, une bête de somme pour ceux qui l'utilisent, est l'égal du fils de Dieu.

Et c'est cet homme-là, fils de Dieu, que Judas Iscariote a choisi de livrer.

Et Jésus le sait.

60.

Ce jeudi, cinquième jour après l'entrée de Jésus à Jérusalem le dimanche des Rameaux, est le premier jour des pains sans levain.

On célèbre la Pâque – ce « passage » – quand Dieu a voulu épargner les siens, alors qu'il frappait à mort tous les premiers-nés d'Égypte.

« Cette nuit-là on mangera la chair rôtie au feu, on la mangera avec du pain sans levain et des herbes amères. »

Et on veillera à ce qu'aucun os de l'agneau n'ait été rompu.

Les apôtres s'approchent de Jésus.

Il les regarde s'avancer.

Il sait que ce sera son dernier repas de Pâque, et qu'un des apôtres va le livrer à ceux – les grands prêtres, les scribes, les pharisiens – qui ont pris la décision de le tuer.

Il murmure, mais aucun des apôtres ne semble l'entendre :

« Celui en qui j'avais confiance et qui mangeait mon pain, celui-là a levé le talon contre moi... Ce n'est pas un ennemi qui m'outrage mais un autre moi-même, mon ami et mon confident. »

Et il fixe Judas qui vient avec les autres apôtres s'enquérir du lieu du repas de fête de ce soir.

« Où veux-tu que nous allions t'apprêter de quoi manger la Pâque ? » demandent-ils.

Jésus ne s'adresse pas à Judas, qui habituellement, parce qu'il détient la bourse, est chargé de se procurer les victuailles.

Et dans le regard de Judas, Jésus voit naître l'inquiétude.

C'est à Pierre et à Jean que Jésus répond :

« Allez en la ville. Un homme portant une cruche d'eau va venir au-devant de vous ; suivez-le et où qu'il entre dites au maître de maison : "Notre maître dit : 'Où est mon auberge que j'y mange la Pâque avec mes disciples ?'" Et il vous montrera à l'étage un grand cénacle orné de tapis. Préparez-y ce qu'il nous faut. »

La journée glisse dans la nuit et, quand l'obscurité a recouvert la ville, Jésus, accompagné de ses apôtres, entre dans Jérusalem par la porte de la Fontaine.

On traverse le torrent Tyropéon et on parvient ainsi dans le quartier du Gareb, non loin des remparts du sud, entre le palais des grands prêtres et le palais d'Hérode.

Jésus et les apôtres montent au premier étage, découvrent le « grand cénacle », les trois divans qui entourent la table, le quatrième côté laissé vide pour le service.

On s'allonge. On s'appuie sur le coude gauche, Jean est installé à la droite de Jésus et Pierre à sa gauche.

« À présent mon âme est troublée. »

Jésus longuement regarde chacun des apôtres et, après les avoir ainsi dévisagés, il dit :

« J'ai désiré de tout mon désir manger cette Pâque avec vous avant de souffrir. »

Il les dévisage de nouveau, et dans leurs yeux il lit un étonnement anxieux.

Mais ils doivent savoir.

« Car je vous le dis, reprend-il, je ne la mangerai plus jusqu'à ce qu'elle soit accomplie dans le règne de Dieu. »

Il tend aux apôtres la coupe que l'on boit rituellement pour commencer le repas :

« Prenez-la et partagez-la entre vous car je vous le dis, je ne boirai plus désormais du fruit de la vigne jusqu'à ce que vienne le règne de Dieu. »

Il observe les apôtres tremper leurs lèvres dans la coupe et il dit :

« Cette coupe est la nouvelle alliance en mon sang qui est répandu pour vous. »

Il prend le pain, le rompt, le donne aux apôtres et dit :

« C'est mon corps qui est donné pour vous, faites cela en mémoire de moi. »

Il quitte la table, pose ses vêtements, prend un linge et s'en entoure la taille. Ainsi presque nu, il est tel un esclave.

Il jette de l'eau dans un bassin et commence à laver les pieds des apôtres et à les essuyer avec le linge dont il était ceint.

Pierre, secouant la tête, tente de se dérober :

« Seigneur, toi me laver les pieds ! s'exclame-t-il.

— Pour l'instant tu ne sais pas ce que je fais, mais après tu le sauras, dit Jésus.

— Jamais tu ne me laveras les pieds, marmonne Pierre.

— Si je ne te lave pas, tu n'as pas de part avec moi.

— Seigneur, non seulement les pieds, mais les mains et la tête !

— Qui s'est baigné n'a pas à se laver, dit Jésus. Il est tout entier pur. Et vous êtes purs aussi... »

Il reprend ses vêtements, se remet à table et, en s'allongeant, répète :

« Vous êtes purs aussi, mais pas tous. »

Il voit les apôtres qui échangent entre eux des regards chargés de questions et déjà de soupçons.

« Savez-vous ce que j'ai fait en vous lavant les pieds ? poursuit Jésus. Je vous ai donné l'exemple pour que vous fassiez comme je vous fais. »

Il hausse la voix :

« Oui, oui, je vous le dis, un esclave n'est pas plus grand que son Seigneur, ni un apôtre plus grand que Celui qui l'envoie. Si vous le savez, vous êtes magnifiques, pourvu que vous le fassiez. »

Il s'interrompt, et scrute chacun des apôtres.

« Je ne le dis pas de vous tous. Je connais ceux que j'ai choisis. Mais c'est pour accomplir cette écriture : Celui qui mange mon pain a levé le talon contre moi. Je vous le dis dès maintenant, avant l'événement, pour que vous croyiez qui je suis. »

Il baisse la tête, paraît accablé, murmure :

« Oui, oui, je vous le dis, l'un de vous me livrera.

« À présent mon âme est troublée. »

Les apôtres s'interrogent du regard : de qui Jésus parle-t-il ?

Et c'est Jean qui, la tête posée sur la poitrine de Jésus, ose demander :

« Seigneur, qui est-ce ? »

Jésus aime ce jeune apôtre. Il va lui répondre.

« C'est celui à qui je donnerai la bouchée que je vais tremper. »

Il la trempe, la tend à Judas Iscariote.

« Ce que tu fais, fais-le vite », lui dit-il.

Judas baisse la tête et, la bouchée prise, ouvre la porte et sort.

C'est la nuit pleine quand la lune est encore enfouie dans le noir dense et profond.

Jésus regarde la place laissée vide par Judas.

L'heure est échue.

« Petits enfants, dit Jésus, je ne suis plus pour très longtemps avec vous. Maintenant le fils de l'homme est glorifié et Dieu est glorifié en lui. Vous me chercherez et, comme je l'ai dit aux Juifs : vous ne pouvez venir où je vais, je vous le dis aussi maintenant. Je vous donne un commandement nouveau : vous aimer les uns les autres, comme je vous ai aimés vous aussi. Par là, si vous avez de l'amour les uns pour les autres, tous sauront que vous êtes mes disciples. »

Ils sont inquiets, incertains.

« Seigneur, où vas-tu ? » demande Pierre.

— Maintenant tu ne peux me suivre où je vais, mais tu me suivras plus tard.

— Seigneur, pourquoi ne puis-je te suivre maintenant ? Je donnerai ma vie pour toi. »

Jésus le fixe.

« Tu donneras ta vie pour moi ? Oui, oui, je te le dis, le coq ne chantera pas que tu ne m'aies renié trois fois. »

Il voit le trouble de Pierre, il ressent l'anxiété des apôtres.

« Que votre cœur ne se trouble pas, dit-il. Vous vous fiez à Dieu, fiez-vous aussi à moi. Il y a beaucoup de demeures dans la maison de mon père, sinon je vous l'aurais dit, moi qui vais vous préparer une place... »

Il tente de les rassurer, et ils se serrent autour de lui.

Il leur demande d'acheter un sabre, et pour cela si nécessaire de vendre leur manteau.

« Car je vous le dis, ce qui me concerne touche à sa fin.

— Seigneur il y a deux sabres ici.

— C'est bon », conclut-il.

Il continue de leur parler, et le langage clair qu'il emploie apaise les apôtres.

Il dit :

« Je suis sorti du Père et je suis venu dans le monde. Maintenant je laisse le monde et je m'en vais au Père.

— Voici que tu parles franchement, sans dire des paraboles. Maintenant nous savons que tu sais tout et plus n'est besoin qu'on te questionne.

« À présent mon âme est troublée. »

— L'heure vient, elle est venue, dit Jésus. Vous serez dispersés chacun de votre côté et vous me laisserez seul, mais je ne suis pas seul car le Père est avec moi. Je vous dis cela pour que vous ayez la paix en moi. Vous avez de l'affliction en ce monde, mais courage, je suis vainqueur du monde ! »

Il dit encore, levant les yeux au ciel :
« Père, l'heure est venue, glorifie ton Fils pour que ton Fils te glorifie. »

Jésus se lève, sort de la maison et les apôtres le suivent.

Ils descendent lentement dans le ravin où coule le Cédron, puis ils remontent le versant du mont des Oliviers, jusqu'à ce jardin où ils ont déjà prié souvent. Là est un pressoir à huile – Gethsémani –, et on appelle aussi ce lieu le jardin de Gethsémani.

Les oliviers du jardin ressemblent dans la nuit à des corps que la douleur torture et déforme.

61.

Jésus entouré des onze apôtres marche dans le jardin de Gethsémani, et souvent, dans l'obscurité, sous cette chape noire que la voûte des oliviers écrase sur le sol, il trébuche contre une souche, murmure :

« Le fils de l'homme s'en va selon ce qui est écrit de lui ; mais malheur à l'homme par qui le fils de l'homme est livré ! Il aurait été bon pour cet homme de ne pas naître. »

Mais à cette heure l'apôtre Judas doit être auprès des gardes du sanhédrin et des grands prêtres, et ceux-là s'arment de bâtons et d'épées.

Judas leur dit qu'il sait où Jésus et les siens vont passer la nuit, sur ce versant du mont des Oliviers, dans ce jardin de Gethsémani où il s'est souvent rendu avec eux.

Jésus se retourne.

Les apôtres se tiennent à distance, comme si désormais ils craignaient d'être à ses côtés.

Ils ont pourtant réaffirmé leur amour pour lui, leur fidélité. Et Pierre a dit :

« Même si je devais mourir avec toi, je ne te renierais pas. »

« À présent mon âme est troublée. »

Tous les apôtres ont dit de même.

Mais Jésus sait qu'ils sont hommes, qu'ils faibliront, qu'ils s'enfuiront, qu'ils se renieront, qu'il sera seul.

Il les attend.

« Asseyez-vous ici, leur dit-il, pendant que je vais prier là-bas. »

Il demande à Pierre, à Jean et Jacques, les deux fils de Zébédée, de l'accompagner.

Et, suivis par eux, il s'éloigne à un jet de pierre des autres apôtres qui se sont assis puis allongés.

Et, brusquement, la tristesse, la détresse, le désespoir, le désarroi devant cette fin qui l'attend le submergent.

Il se tourne vers Pierre, Jacques et Jean.

« Mon âme est triste à mourir, murmure-t-il, demeurez ici et tenez-vous éveillés avec moi. »

Et il sent que son front se couvre d'une sueur gluante, et l'essuyant avec le bout de ses doigts, il les retire tachés de sang.

Il s'avance un peu, trébuche, tombe face contre terre.

« Mon père, supplie-t-il, s'il est possible que passe loin de moi cette coupe ! Cependant non pas comme je veux mais comme Tu veux. »

Il est homme faible et lâche.

Il revient vers les trois apôtres, et les trouve endormis, comme s'ils avaient choisi cette sorte de mort qu'est le sommeil pour oublier la fin annoncée de celui auquel ils ont juré fidélité et foi.

« Ainsi vous n'avez pas pu vous tenir éveillés une heure avec moi, leur dit Jésus. Réveillez-vous et priez pour ne pas être mis à l'épreuve. L'esprit est prompt et la chair est faible ! »

Il s'écarte une deuxième fois, il prie, malgré la sueur mêlée de sang qui couvre son visage.

Il se soumet :

« Mon père, si cette coupe ne peut passer sans que je la boive, que Ta volonté soit faite ! »

Il revient d'une démarche chancelante vers les trois disciples, de nouveau endormis.

Il ne servira à rien de les réveiller, le sommeil les engloutira parce qu'ils veulent fuir, oublier.

Et il s'en va prier une troisième fois :

« Seigneur, que Ta volonté soit faite ! »

Lorsqu'il revient vers ses disciples, la colère un instant l'emporte.

« Eh bien, dormez, reposez-vous ! leur lance-t-il. Voici que l'heure approche et le fils de l'homme est livré aux mains des pécheurs. »

Il fait quelques pas :

« Cela suffit, l'heure est venue ! Levez-vous ! Allons, voilà que celui qui me livre approche. »

Voilà Judas.

Il avance à la tête d'une troupe de gardes, d'hommes du sanhédrin et des grands prêtres. Avec leurs lanternes et leurs torches, ils déchirent la nuit et ces lueurs semblent tourmenter le corps des oliviers. Les lames des épées et des sabres scintillent dans la nuit fracassée.

« *À présent mon âme est troublée.* »

Des hommes sont armés de lourds bâtons.
Jésus leur fait face.
« Qui cherchez-vous ?
— Jésus de Nazareth.
— C'est moi. »
Et la force de sa voix, le souffle qui la porte sont tels que les hommes armés reculent, se bousculent, tombent.
Judas s'approche.
« Bonsoir rabbi. »
Il embrasse Jésus.
Et ce baiser, ce signe convenu avec les prêtres, confirme que c'est bien là Jésus de Nazareth, l'homme dont il faut s'emparer.
Les gardes entourent Jésus, se saisissent de lui.
Pierre se précipite, dégaine son sabre, frappe un esclave du grand prêtre, lui arrache l'oreille.
Jésus d'un geste lui commande de rengainer son arme.
« Car tous ceux qui prennent l'épée périront par l'épée », dit-il.
Et il guérit la blessure de l'esclave après lui avoir fait répéter son nom, Malchus.

Jésus regarde Pierre et les apôtres.

« Crois-tu que je ne pourrais pas faire appel à mon père ? dit-il encore à Pierre. Il mettrait là à l'instant à ma disposition plus de douze légions d'anges. Mais comment seraient remplies les Écritures ? Est-ce que je ne boirai pas la coupe que mon père m'a donnée ? »
Il doit en être ainsi.

Les apôtres se sont figés. Ce qu'ils craignaient est advenu.

Jésus ne veut pas vaincre. Il est donc promis à la défaite et à la mort.

Alors, tous le laissent et s'enfuient.

Se retournant, ils aperçoivent qu'un jeune homme suit Jésus. Il est vêtu d'un simple linge à même la peau.

Les gardes veulent l'arrêter, mais il lâche le linge et s'échappe nu, disparaissant dans la nuit, comme l'image de l'insaisissable et miraculeuse beauté humaine.

TROISIÈME PARTIE

« Filles de Jérusalem,
ne pleurez pas sur moi,
pleurez plutôt sur vous
et sur vos enfants ;
car voilà que viennent des jours
où on dira : Magnifiques les stériles,
les ventres qui n'ont pas enfanté,
et les seins qui n'ont pas nourri ! »

Évangile selon saint Luc, XXIII, 28-29

62.

Jésus reçoit les premiers coups.

Les gardes le malmènent en le conduisant chez l'ancien grand prêtre, Anne, le beau-père de Caïphe, le grand prêtre actuel, que l'on vient d'avertir de la prise, mais qui est encore en chemin.

Les prêtres, les puissants, les scribes arrivent en hâte et dévisagent cet homme qu'ils ont craint, et leur peur devient de la haine.

Jésus ne se bat pas, il est vaincu, on le méprise donc, et on veut se venger des peurs qu'il a suscitées.

Mais la nuit s'éternise et on ne peut juger ce Jésus de Nazareth que lorsque le soleil luira, il faudra faire vite pour qu'on le tue avant le sabbat. Et comme le sanhédrin a été dépossédé par les Romains du pouvoir de condamner à mort, il faut que Pilate, le procurateur de Rome, exécute la sentence dès qu'elle sera prononcée.

Les gardes frappent Jésus du coude et du poing, certains crachent sur lui.

Et quelqu'un le gifle.

Sa dignité, son assurance exaspèrent.

Il faut des témoins pour l'accuser. Mais ceux qui se lèvent pour parler se contredisent.

À la fin ils se souviennent de l'avoir entendu dire :

« Je vais défaire ce Temple, ce sanctuaire fait à la main, et en trois jours, j'en bâtirai un autre qui ne sera pas fait à la main. »

Est-ce tout, sera-ce suffisant pour le condamner ?

Le grand prêtre Caïphe, qui est enfin arrivé, se lève, s'approche de Jésus.

« Tu ne réponds rien ? Que dis-tu de leurs témoignages ? »

Jésus se tait et ce silence est plus qu'une dénégation, qu'une accusation.

L'attitude de cet homme qui ne se défend pas, de ce vaincu qui ne s'incline pas est insupportable.

« Est-ce toi le Christ, le fils du Béni ? » demande Caïphe.

C'est l'instant.

« Va, va, va. »

« C'est moi, dit Jésus, et vous allez voir le fils de l'homme assis à droite de la puissance venir avec les nuées du ciel. »

Caïphe pousse un cri où se mêlent l'indignation, la colère, la haine, et une sorte de joie.

En même temps Caïphe déchire ses tuniques, pour marquer sa douleur devant le blasphémateur, l'imposteur.

« À présent mon âme est troublée. »

« Qu'avons-nous encore besoin de témoins ? dit-il. Vous avez entendu le blasphème ? Que vous en semble ? »

Tous approuvent Caïphe et jugent que Jésus de Nazareth est passible de mort.

Les gardes, la foule qu'on a rameutée commencent à insulter Jésus. On lui crache au visage. On lui voile les yeux, on le soufflette.

On lui lance : « Prophétise ! Dis qui t'a frappé ! »

On le pousse comme un mannequin, des uns aux autres, et on le reçoit à coups de poing et de pied.

Pierre a suivi Jésus. Il s'est assis dans la cour parmi les gardes qui se chauffent à un feu. Les flammes crépitent dans l'aube qui peu à peu déchire la nuit.

Une des femmes de chez le grand prêtre s'approche.

« Toi aussi tu étais avec le Galiléen, ce Jésus de Nazareth, dit-elle.

— Je ne sais pas, je ne comprends pas de quoi tu parles », marmonne Pierre.

Il se lève, va vers le porche.

Le coq chante.

La femme a suivi Pierre.

Elle tend le bras vers lui.

« C'est un des leurs », dit-elle.

Il nie, alors qu'on l'entoure, qu'on l'interpelle.

« Tu es vraiment des leurs car tu parles comme un Galiléen. »

Pierre sacre, jure.

« Je ne connais pas cet homme dont vous parlez. »

Pour la deuxième fois le coq chante.

Pierre se souvient de la parole du Christ : avant qu'un coq ne chante, tu me renieras trois fois.

Il pleure et s'enfuit.

C'est l'aube.

Le sanhédrin se réunit et décide de livrer Jésus au procurateur Pilate pour qu'il exécute la sentence de mort.

On lie les mains du Christ, on l'entrave comme un agneau qu'on conduit au sacrifice.

63.

Les gardes le poussent, le traînent, le frappent, et Jésus trébuche presque à chaque pas.

Et la foule qui l'entoure lui crache au visage, tente de lui donner des coups de pied ou de poing.

Les gardes rient, repoussent les agresseurs, entrent dans la cour de la forteresse Antonia, et crient qu'ils doivent remettre un Galiléen, Jésus de Nazareth, au procurateur Pilate, représentant du grand César, empereur de Rome, en Palestine.

Le soleil n'a pas encore réussi à repousser le noir de la nuit.

C'est à peine l'aube.

Pilate apparaît, entouré de soldats harnachés, la main sur le pommeau de leur glaive court, les pectoraux serrés dans l'armure, le bord du casque barrant leur front.

Et les grands prêtres du sanhédrin, les puissants, font taire la foule qui crie qu'il faut tuer ce Galiléen, le crucifier ce matin.

Puis le grand prêtre interpelle Pilate, montre Jésus :

« Nous l'avons trouvé, dit-il, en train de pervertir notre nation, d'empêcher qu'on paie les impôts à César, et de se faire passer pour un Christ Roi. »

Ils sont habiles. Ils accusent Jésus de rébellion contre César, afin que Pilate soit contraint de faire tuer ce blasphémateur.

Pilate d'un geste invite les gardes à faire avancer Jésus.

« Es-tu le roi des Juifs ? » lui demande-t-il.

Jésus regarde fixement cet homme dont le visage est encore alourdi par le sommeil de la nuit, et déjà embrumé par les désagréments de cette journée qui commence, ces décisions qu'il lui faudra prendre, face à cette foule qui gronde.

Pilate répète :

« Es-tu le roi des Juifs ?

— Tu le dis, répond Jésus, sans que son regard cesse de s'enfoncer dans les yeux de Pilate. »

Puis Jésus ajoute :

« Mon royaume n'est pas de ce monde, sinon mes gardes auraient combattu pour moi. Mais je ne suis né et ne suis venu dans le monde que pour attester la vérité. Quiconque est de la vérité entend ma voix.

— Qu'est-ce que la vérité ? » murmure Pilate.

Il se tourne vers les grands prêtres.

« Je ne trouve rien de criminel en cet homme », ajoute-t-il.

La foule hurle. Les grands prêtres d'un geste la domptent, rétablissent le silence.

« À présent mon âme est troublée. »

« Il soulève le peuple, disent-ils. Il enseigne dans toute la Judée, et même depuis la Galilée où il a commencé, et jusqu'ici.

— L'homme est galiléen », reprend Pilate.

Il lève les bras. Il hausse les épaules, esquisse un sourire, puis dit :

« Qu'on le conduise au souverain de Galilée, Hérode Antipas qui séjourne à Jérusalem. C'est lui qui doit décider du sort de cet homme. »

Il est l'Agneau de Dieu, celui qu'on doit sacrifier. Il n'a pas à répondre aux questions dont en riant le harcèle Hérode Antipas, le bourreau de Jean Baptiste, le souverain qui a voulu séduire, en offrant la tête du prophète à la jeune Salomé. Et Salomé est là qui, aux côtés d'Hérode, tourne autour de Jésus.

On se moque de lui.

C'est donc là celui que les grands prêtres accusent de vouloir soulever le peuple, détruire la nation dont il prétend être le roi !

Hérode rit.

Que craindre d'un pauvre fou silencieux !

Et c'est cet errant qu'on décrit comme un roi !

Qu'on le vête d'un habit de tissu brodé d'or et qu'on le renvoie au procurateur Pilate !

Qu'il s'en débrouille, et qu'importe le sort de ce mendiant, de ce Galiléen, de ce Jésus de Nazareth.

64.

À nouveau, il est là, Jésus, devant Pilate.

La cour de la forteresse Antonia est pleine de cette foule qui crie, qui réclame la mort pour le blasphémateur qui se prétend Christ Roi !

« Crucifie-le, crucifie-le », hurle-t-elle

Pilate écoute, le visage tourmenté par l'hésitation.

Son épouse Livie est venue, échevelée, les cernes noirs du maquillage semblent creuser ses joues et assombrir son regard. Ses yeux sont voilés par l'effroi.

Elle a murmuré à Pilate :

« Fasse qu'il n'y ait rien entre toi et ce juste ! Car c'est un juste et cette nuit il m'a beaucoup fait souffrir en songe. »

Pilate fait avancer les grands prêtres, les puissants, et il a en les voyant s'approcher un sentiment de lassitude et de dégoût.

« Vous m'avez présenté cet homme comme détournant le peuple, commence-t-il. Et voilà que moi qui l'ai jugé devant vous, je n'ai trouvé contre cet homme aucun des motifs dont vous l'accusez. Et Hérode non plus puisqu'il nous l'a renvoyé. Voilà que rien de ce qu'il a fait ne mérite la mort. »

Il tend la main pour tenter d'apaiser la foule qui proteste.

« Je vais donc le faire corriger et le relâcher. »

Pilate sait que ce jour sera celui des crucifixions. Il y a dans les cachots deux brigands et un meurtrier, Barabbas, qui est aussi un émeutier.

Ceux-là doivent mourir.

Et puis il y a Jésus de Nazareth.

Et la coutume veut qu'à chaque fête, le procurateur relâche le prisonnier que la foule choisit.

« Voulez-vous que je vous relâche celui que vous appelez le roi des Juifs ? » demande Pilate.

La foule, au signal des grands prêtres et de leurs hommes, hurle qu'elle veut qu'on libère Barabbas.

« Que ferais-je donc du roi des Juifs ?

— Crucifie-le, crucifie-le, crie la foule.

— Mais quel mal a-t-il donc fait ?

— Qu'il soit crucifié ! Crucifie-le. »

Jésus écoute, regarde, comme si celui dont on réclame la mort était un autre que lui-même.

Tout est joué.

Le sort de chacun est fixé maintenant.

Judas a fendu la foule pour se présenter devant les grands prêtres.

« J'ai péché, j'ai livré un sang innocent », a-t-il crié.

Les grands prêtres ont détourné la tête.

« Que nous importe ! À toi de voir ! »

Judas jette l'argent, les trente pièces d'argent salaire de sa trahison, dans le sanctuaire, puis comme si on le poursuivait, il s'enfuit.

Les grands prêtres ramassent les pièces.

« On n'a pas le droit de les mêler aux offrandes puisque c'est le prix du sang », disent-ils.

Ils décident d'acheter le champ du Potier, dans la vallée de la Géhenne, et d'en faire la sépulture des étrangers.

Mais on n'y recevra pas le corps de Judas, qui s'est repenti et pendu.

Pilate ne sait rien de Judas.

Il regarde Jésus, puis cette foule qui hurle, obéit ainsi aux grands prêtres.

Il y a sûrement dans cette foule des hommes qui ont suivi Jésus, qui l'ont loué, qui l'ont supplié et qui ont cru ses prophéties.

Ceux-là, aujourd'hui, crient : « Crucifie-le. »

Et Pilate sait que s'il refuse, ce sera le tumulte.

Il prend de l'eau, se lave les mains devant la foule et dit :

« Je suis innocent de ce sang. À vous de voir. »

Et la foule répond d'une seule voix aiguë, qui déchire le ciel :

« Que son sang soit sur nous et sur nos enfants. »

65.

Jésus les entend répéter qu'il doit être crucifié et, dans la haine qui les aveugle, leur désir de le voir mourir, ils ne craignent pas que son sang retombe sur leurs têtes et celles de leurs enfants.

Ils appellent sur tous les hommes, quels qu'ils soient, le châtiment pour avoir demandé qu'on tue l'un des leurs, Juif parmi les Juifs, homme parmi les hommes.

Et c'est maintenant qu'il va souffrir dans sa chair, comme un esclave, soumis à la flagellation.

Il voit Barabbas ivre de la liberté que la foule a réclamée pour ce meurtrier, cet émeutier.

Pilate s'est plié à la volonté des grands prêtres et de la foule qui les a suivis.

Barabbas est libre.

Pendant que Barabbas s'éloigne en titubant de joie, les soldats dénudent Jésus, l'attachent à une colonne.

Les bourreaux de toutes leurs forces commencent à frapper avec leur fouet composé de chaînettes de fer terminées par des osselets et des billes de plomb.

Et la chair de Jésus, ce pain de vie, éclate sous les coups. Des stries ensanglantées comme autant de sillons de douleur sont creusées sur ses épaules, sa poitrine, son dos, sa nuque, et des lambeaux de chair se détachent.

Jésus n'est plus qu'une seule plaie.

Le corps est comme haché.

Et quand Jésus n'est plus qu'un faisceau de douleurs, les soldats le tirent hors de la cour jusqu'au prétoire.

Toute la cohorte se rassemble autour de lui.

On jette sur lui un manteau écarlate.

Les légionnaires tressent une couronne d'épines et la posent violemment sur sa tête afin qu'elle perce les chairs du crâne et du front. Le sang coule.

On lui met un roseau dans la main droite, sceptre de la dérision.

Et les soldats tombent à genoux devant lui et lui disent pour se moquer :

« Salut à toi, roi des Juifs ! »

Puis ils crachent sur lui et prenant le roseau lui tapent sur la tête.

Alors Pilate reparaît.

D'un signe, il demande aux soldats de traîner Jésus devant la foule afin qu'elle le voie couronné d'épines, ensanglanté, portant le manteau de couleur pourpre.

Pilate tend le bras vers lui.

« Voici votre roi », dit-il d'une voix chargée de mépris et d'amertume.

La foule crie :

« *À présent mon âme est troublée.* »

« Enlève, enlève, crucifie-le.
— Crucifierai-je votre roi ? »
Les grands prêtres répondent :
« Nous n'avons de roi que César. »
Alors Pilate, en donnant l'ordre aux légionnaires de retirer le manteau écarlate et de revêtir Jésus de ses vêtements, dit :
« *Ecce homo !* Voici l'homme. »
Et les soldats emmènent Jésus pour le crucifier.

66.

Jésus est un homme qui marche vers la mort, et dont le corps blessé, lacéré, épuisé, ploie sous le poids de la poutre qu'on fixera au pieu planté droit sur la colline du Golgotha. Celle-ci se dresse près des murs de Jérusalem, au-delà de la porte d'Ephraïm, à cinq cents pas de la citadelle d'Antonia.

Jésus est écrasé par la douleur. Les arêtes de la poutre s'enfoncent dans les sillons creusés par le fouet de tiges de fer.

Mais il marche, courbé, au milieu de ce cortège que précèdent et flanquent les soldats de la cohorte romaine.

Une foule accompagne ces hommes condamnés à mourir sur la croix. Car ils sont trois. Deux brigands doivent être crucifiés en même temps que Jésus.

Et le cortège descend vers le ruisseau du Tyropéon, il sinue dans les ruelles.

Autrefois, alors qu'il était à Césarée de Philippe, Jésus avait dit :

« Si quelqu'un veut être mon disciple qu'il renonce à soi-même, qu'il prenne sa croix et me suive ! »

« À présent mon âme est troublée. »

Et Pierre s'était révolté contre cette annonce de la mort.

Elle est maintenant au bout du chemin qui monte vers le Golgotha.

Jésus semble incapable de le parcourir, car il n'est plus qu'un corps pantelant dont les jambes plient.

Les soldats savent que Jésus ne pourra pas sans aide aller jusqu'au Golgotha. Ils posent leurs mains sur les épaules d'un homme qu'ils choisissent dans la foule.

Il se nomme Simon de Cyrène. Il a été l'un des soixante-douze disciples de Jésus.

Simon revient des champs. Les soldats lui imposent de porter la poutre derrière Jésus.

La marche reprend.

Jésus est en sang. Des femmes se lamentent et gémissent.

Jésus voit-il, alors que ses yeux sont voilés par la souffrance et la sueur, cette femme, qui se tient à sa hauteur ? Elle, Marie, elle suit et pleure son fils. Et autour d'elle les femmes sanglotent.

Jésus les regarde, leur dit :

« Filles de Jérusalem, ne pleurez pas sur moi, pleurez plutôt sur vous et vos enfants, car voilà que viennent des jours où on dira : Magnifiques les stériles, les ventres qui n'ont pas enfanté, et les seins qui n'ont pas nourri ! Alors on commencera à dire aux montagnes : tombez sur nous ! et aux collines : couvrez-nous. »

Jésus tombe, se redresse, avance.

Une femme s'approche et avec son voile essuie le visage maculé de sang et déchiré de Jésus.

Peut-être est-ce Véronique, celle qui perdait son sang et qu'il avait guérie lorsqu'elle avait touché la frange du manteau de Jésus.

La compassion de cette femme, sa reconnaissance, la caresse de l'étoffe lui donnent la force de marcher.

Jésus aperçoit enfin, au sommet du Golgotha, cette colline qui ressemble à un crâne chauve, les trois pieux plantés, droits, prêts à recevoir les poutres, et les corps des suppliciés.

Il gravit la colline, et la foule se rassemble au sommet du Golgotha, ce calvaire.

Il reste à clouer les condamnés sur les poutres posées sur le sol, puis à les hisser le long des pieux déjà dressés.

Et le centurion Flavius donne l'ordre à ses soldats d'enfoncer leurs longs clous acérés dans les poignets des suppliciés. On clouera les pieds quand les corps seront levés.

C'est la sixième heure, celle du plein et haut soleil, quand les légionnaires romains clouent le corps meurtri de Jésus.

Et le procurateur Pilate a voulu qu'on écrive en latin, en grec, en araméen, sur une plaquette de bois, placée au sommet de la croix : *Iesu Nazarenius Rex Iudeorum, INRI, Jésus de Nazareth roi des Juifs.*

Aux Juifs qui protestent, crient que ce roi n'est pas leur roi, il répond :

« Ce qui est écrit est écrit. »

TABLE

Du même auteur

Romans

Le Cortège des vainqueurs, Robert Laffont, 1972.
Un pas vers la mer, Robert Laffont, 1973.
L'Oiseau des origines, Robert Laffont, 1974.
Que sont les siècles pour la mer, Robert Laffont, 1977.
Une affaire intime, Robert Laffont, 1979.
France, Grasset, 1980 (et Le Livre de Poche).
Un crime très ordinaire, Grasset, 1982 (et Le Livre de Poche).
La Demeure des puissants, Grasset, 1983 (et Le Livre de Poche).
Le Beau Rivage, Grasset, 1985 (et Le Livre de Poche).
Belle Époque, Grasset, 1986 (et Le Livre de Poche).
La Route Napoléon, Robert Laffont, 1987 (et Le Livre de Poche).
Une affaire publique, Robert Laffont, 1989 (et Le Livre de Poche).
Le Regard des femmes, Robert Laffont, 1991 (et Le Livre dePoche).
Un homme de pouvoir, Fayard, 2002 (et Le Livre de Poche).
Les Fanatiques, Fayard, 2006 (et Le Livre de Poche).
Le Pacte des Assassins, Fayard, 2007 (et Le Livre de Poche).
La Chambre ardente, Fayard, 2008.
Le Roman des rois, Fayard, 2009

Suites romanesques

LA BAIE DES ANGES :
I. *La Baie des Anges*, Robert Laffont, 1975 (et Pocket).
II. *Le Palais des Fêtes*, Robert Laffont, 1976 (et Pocket).
III. *La Promenade des Anglais*, Robert Laffont, 1976 (et Pocket).
(Parue en un volume dans la coll. « Bouquins », Robert Laffont, 1998.)

LES HOMMES NAISSENT TOUS LE MÊME JOUR :
I. *Aurore*, Robert Laffont, 1978.
II. *Crépuscule*, Robert Laffont, 1979.

LA MACHINERIE HUMAINE :
La Fontaine des Innocents, Fayard, 1992 (et Le Livre de Poche).
L'Amour au temps des solitudes, Fayard, 1992 (et Le Livre de Poche).
Les Rois sans visage, Fayard, 1994 (et Le Livre de Poche).
Le Condottiere, Fayard, 1994 (et Le Livre de Poche).
Le Fils de Klara H., Fayard, 1995 (et Le Livre de Poche).
L'Ambitieuse, Fayard, 1995 (et Le Livre de Poche).
La Part de Dieu, Fayard, 1996 (et Le Livre de Poche).
Le Faiseur d'or, Fayard, 1996 (et Le Livre de Poche).
La Femme derrière le miroir, Fayard, 1997 (et Le Livre dePoche).
Le Jardin des Oliviers, Fayard, 1999 (et Le Livre de Poche).

BLEU BLANC ROUGE :
I. *Mariella*, XO Éditions, 2000 (et Pocket).
II. *Mathilde*, XO Éditions, 2000 (et Pocket).
III. *Sarah*, XO Éditions, 2000 (et Pocket).

LES PATRIOTES :
I. *L'Ombre et la Nuit*, Fayard, 2000 (et Le Livre de Poche).
II. *La flamme ne s'éteindra pas*, Fayard, 2001 (et Le Livre de Poche).
III. *Le Prix du sang*, Fayard, 2001 (et Le Livre de Poche).
IV. *Dans l'honneur et par la victoire*, Fayard, 2001 (et Le Livre de Poche).

MORTS POUR LA FRANCE :
I. *Le Chaudron des sorcières*, Fayard, 2003 (et J'ai Lu).
II. *Le Feu de l'enfer*, Fayard, 2003 (et J'ai Lu).
III. *La Marche noire*, Fayard, 2003 (et J'ai Lu).
(parus en un volume, Fayard, 2008.)

L'EMPIRE :
I. *L'Envoûtement*, Fayard, 2004 (et J'ai Lu).
II. *La Possession*, Fayard, 2004 (et J'ai Lu).
III. *Le Désamour*, Fayard, 2004 (et J'ai Lu).

LA CROIX DE L'OCCIDENT :
I. *Par ce signe tu vaincras*, Fayard, 2005 (et J'ai Lu).
II. *Paris vaut bien une messe*, Fayard, 2005 (et J'ai Lu).

Politique-fiction

La Grande Peur de 1989, Robert Laffont, 1966.
Guerre des gangs à Golf-City, Robert Laffont, 1991.

Histoire, essais

L'Italie de Mussolini, Librairie académique Perrin, 1964, 1982 (et Marabout).
L'Affaire d'Éthiopie, Le Centurion, 1967.
Gauchisme, Réformisme et Révolution, Robert Laffont, 1 968.
Histoire de l'Espagne franquiste, Robert Laffont, 1969.
Cinquième Colonne, 1939-1940, Éditions Plon, 1970, 1980, Éditions Complexe, 1984.
Tombeau pour la Commune, Robert Laffont, 1971.
La Nuit des longs couteaux, Robert Laffont, 1971, 2001.
La Mafia, mythe et réalités, Seghers, 1972.
L'Affiche, miroir de l'histoire, Robert Laffont, 1973, 1989.
Le Pouvoir à vif, Robert Laffont, 1978.
Le XXᵉ Siècle, Librairie académique Perrin, 1979.
La Troisième Alliance, Fayard, 1984.
Les idées décident de tout, Galilée, 1984.
Lettre ouverte à Robespierre sur les nouveaux muscadins, Albin Michel, 1986.

Que passe la justice du roi, Robert Laffont, 1987.
Les Clés de l'histoire contemporaine, Robert Laffont, 1989, Fayard, 2001 (et Le Livre de Poche éd. mise à jour, 2005).
Manifeste pour une fin de siècle obscure, Odile Jacob, 1989.
La gauche est morte, vive la gauche, Odile Jacob, 1990.
L'Europe contre l'Europe, Éditions du Rocher, 1992.
Jè. Histoire modeste et héroïque d'un homme qui croyait aux lendemains qui chantent, Stock, 1994 (et Mille et Une Nuits).
L'Amour de la France expliqué à mon fils, Le Seuil, 1999.
Fier d'être français, Fayard, 2006 (et Le Livre de Poche).
L'Âme de la France : une histoire de la nation des origines à nos jours, Fayard, 2007 (J'ai Lu, 2 volumes).
La Grande Guerre, (préface à...), XO Éditions, 2008.
Histoires Particulières, CNRS Éditions, 2009.

RÉVOLUTION FRANÇAISE :
I. *Le Peuple et le Roi*, XO Éditions, 2009.
II. *Aux armes, citoyens !*, XO Éditions, 2009.

Biographies

Maximilien Robespierre, histoire d'une solitude, Librairie académique Perrin, 1968 (et Pocket, et Tempus, 2008).
Garibaldi, la force d'un destin, Fayard, 1982.
Le Grand Jaurès, Robert Laffont, 1984, 1994 (et Pocket).
Jules Vallès, Robert Laffont, 1988.
« Moi, j'écris pour agir ». Vie de Voltaire, biographie, Fayard, 2008.

NAPOLÉON :
I. *Le Chant du départ*, Robert Laffont, 1997 (et Pocket).
II. *Le Soleil d'Austerlitz*, Robert Laffont, 1997 (et Pocket).
III. *L'Empereur des rois*, Robert Laffont, 1997 (et Pocket).
IV. *L'Immortel de Sainte-Hélène*, Robert Laffont, 1997 (et Pocket).

DE GAULLE :
I. *L'Appel du destin*, Robert Laffont, 1998 (et Pocket).
II. *La Solitude du combattant*, Robert Laffont, 1998 (et Pocket).
III. *Le Premier des Français*, Robert Laffont, 1998 (et Pocket).
IV. *La Statue du Commandeur*, Robert Laffont, 1998 (et Pocket).

ROSA LUXEMBURG :
Une femme rebelle, vie et mort de Rosa Luxemburg, Fayard, 2000.

VICTOR HUGO :
I. *Je suis une force qui va !*, XO Éditions, 2001 (et Pocket).
II. *Je serai celui-là !*, XO Éditions, 2001 (et Pocket).

Les Chrétiens :
I. *Le Manteau du soldat*, Fayard, 2002 (et Le Livre de Poche).
II. *Le Baptême du roi*, Fayard, 2002 (et Le Livre de Poche).
III. *La Croisade du moine*, Fayard, 2002 (et Le Livre de Poche).

César imperator, XO Éditions, 2003 (et Pocket).

Les Romains :
I. *Spartacus, la révolte des esclaves*, Fayard, 2006.
II. *Néron, le règne de l'antéchrist*, Fayard, 2006.
III. *Titus, le martyre des Juifs*, Fayard, 2006.
IV. *Marc Aurèle, le martyre des chrétiens*, Fayard, 2006.
V. *Constantin le Grand : l'empire du Christ*, Fayard, 2006.

Louis XIV :
I. *Le Roi-Soleil*, XO Éditions, 2007 (et Pocket).
II. *L'Hiver du grand roi*, XO Éditions, 2007 (et Pocket).

Une histoire de la deuxième guerre mondiale
I. *1940, de l'abîme à l'espérance*, XO Éditions, 2010.

Conte

La Bague magique, Casterman, 1981.

En collaboration

Au nom de tous les miens de Martin Gray, Robert Laffont, 1971 (et Pocket).

Achevé d'imprimer sur Roto-Page
par l'Imprimerie Floch à Mayenne
en novembre 2010.
N° d'édition : 1829/05. N° d'impression : 78049.
Dépôt légal : octobre 2010
Imprimé en France